新日本の遺跡 ②

福岡県太宰府市

大宰府跡

古代九州を統括した
外交・軍事拠点

赤司善彦 著

同成社

大宰府政庁跡　遠景

政庁正殿跡の発掘調査

政庁南門跡の発掘調査

整備後の政庁南門跡

阿志岐山城
大野城
推定客館
基肄城
太宰府政庁　水城西門
筑紫館
(鴻臚館)

博多湾から大宰府政庁への交通路（黄色点線は使節らの推定移動経路）

推定客館跡の発掘調査

大宰府周辺のさまざまな防御施設

水城跡

基肄城跡の南水門

大野城跡の百間石垣

古代における博多湾の外交施設

筑紫館・鴻臚館の周辺

整備された鴻臚館跡（奥の建物は鴻臚館跡展示館）

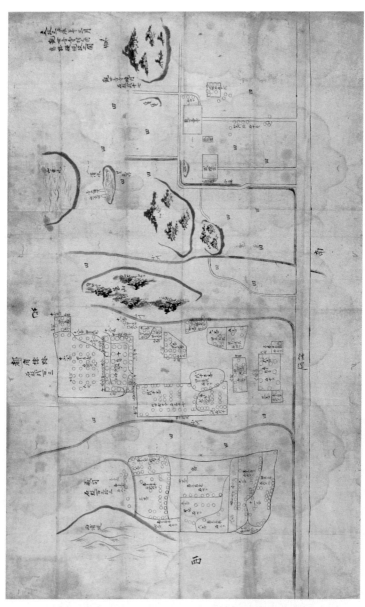

『観世音寺村之内旧跡礎現改之図』（文政3 ［1820］年）
福岡市博物館所蔵　画像提供：福岡市博物館/DNP artcom

大宰府跡出土木簡

南門跡・中門跡出土の地鎮具

大宰府跡出土瓦

大宰府跡出土文様塼

はじめに——大宰府の先進性と辺境性

　「だざいふ」と聞くと、多くの人が学問の神様菅原道真を祀る太宰府天満宮を思い浮かべるにちがいない。太宰府天満宮は、律令制下の大宰府という官司に大宰権帥として都から赴任した道真がこの大宰府で亡くなり、その墓所に建てられた廟が始まりである。その官司としての大宰府の遺跡群が大宰府跡であり、本書のテーマである。

　大宰府跡は九州の福岡県に位置し、県中西部の太宰府市を中心に所在する。古来より大陸や朝鮮半島との窓口の役割を担った博多湾から、南に約15kmの内陸に位置する。大宰府跡の中核をなすのは大宰府政庁跡で、現在は史跡公園として整備され、都府楼址の名称で多くの市民に親しまれている。

　大宰府は「ダザイフ」と音読みするが、「おおみこともちのつかさ」とも読む。宰（みこともち）とは、天皇の御言をささげ持って地方を治める国司のことで、大（おお）はさらに上位という意味になる。

　この大宰府の存在を理解するために少し日本史をおさらいしたい。645年に始まる大化の改新以降、地方の行政組織は徐々に整えられ、701（大宝元）年の大宝律令によって行政組織は国—郡—里の三段階に区分された。国は現在の都道府県に相当し、全国を60あまりの国に分けた。各国には中央政府から派遣された官人が国司に任命され、国府という役所で政務を執り、各郡を管轄した。また中

央と地方の連絡や往来、物資の運搬を円滑に行うために、中央から四方に伸びる交通路が整備された。同時に都の周辺以外はこの交通路に沿って東海道など七道の広域行政区分が設けられ、九州にのみ特別広域の行政機構として大宰府が設置されたのである。古代の九州は西海道と呼ばれていたが、本書では九州の用語を用いる。

　平安時代の『類聚三代格』に、大宰府は「京にあらず、国にあらず、中間に孤居す」と記されたように、平安京と国との間に位置づけられた。この特殊な大宰府の存在は、九州での国や郡との関係に大きな影響を及ぼした。一般諸国と異なり、中央から九州諸国への命令や逆の中央への報告も大宰府を通じて伝達された。また、租税制度でも、諸国の産物などの税物は京に運ばれて中央の財源となるのが原則だが、九州に限っては大宰府にいったんは納められてその運営費にも充てられたのである。さらには、奈良時代の初めごろまでは、西海道各国の下級役人や、郡司（郡を治める地方役人）の現地任用の権限を有していたので、任命対象となる在地の豪族層を取り込むことで、人的に地域支配を推し進めたのである。

　ところで、大宰府の幹部職員である四等官（長官・次官・判官・主典）の合計数は中央の八省を上回っている。長官の位も大宰帥は国政を審議する左右大臣・大納言に次ぐ従三位と破格の待遇で、中央の省の長官より上位であった。いうなれば律令官制の中央を含めた中で、地方にあって最大の官司といえるかもしれない。ただし、都からはるかに遠い大宰府への赴任は、現代の転勤と同じで地方でキャリアを積む出世コースの場合と左遷の場合がある。昇進した人には平安初期の文人として名高い小野岑守が居る。大宰大弐として大宰府に赴任中の823（弘仁14）年、国家財政立て直しのために、

大宰府管内で官による直営の田地を導入したり、行路病者への療養施設として大宰府に続命院を建設したりと、政策に長けた有能な官人で、都にもどり昇進を果たしている。

　一方、中央の政争に巻き込まれて左遷された例が菅原道真である。大宰府に下向した道真は天に無実を訴えながら失意のうちに死去した。後に太宰府天満宮に「天神さま」として祀られることとなるが、その御魂も帰京することなくこの地に留まったままである。

　ではなぜ九州のみ大宰府という他地域に例を見ない特異な存在の官司が設けられたのだろうか。それは九州の置かれた地政学的な要因を考えねばならない。九州北部は日本列島の西辺に位置し、中央の都からすれば辺境の地である。しかし、大陸・朝鮮半島とは最も近接した位置関係にあり、海路が交差する玄界灘沿岸は自然発生的に海外との交流の窓口の役割を果たすことになる。そのため弥生時

図1　太宰府天満宮

代以来、多くの先進的な文化がこの九州北部でいち早く受容されてきたのである。大宰府が置かれた地域は中央に対する辺境性と大陸文化摂取の国際性豊かな先進性とが重なった場だといえる。

　平時には国際交流の受け入れ地としての役割も、いったん他国との緊張関係が起きると直接の侵攻地となることは明白である。663（天智２）年の白村江での敗戦後には、防人を配備して島や沿岸の警備を拡充した。その後筑紫に頻繁に来着する外国使節の管理を担う現地組織の必要が高まったことから、大宰府を創設したとみられる。

　大宰府とは、古代に天皇を中心として中央集権を強化し、中央だけでなく地方の土地も人民も統治する律令体制のしくみが整った時代に、九州の諸国を統括しつつ日本の東アジア外交と国防の最前線を担った地方に置かれた最大の役所と定義することができよう。

も　く　じ

はじめに―大宰府の先進性と辺境性

カバー写真：大宰府政庁跡

装丁：辻聡

第Ⅰ部

遺跡の概要

―大宰府跡とは―

第1章 | 大宰府の環境

⑴ 大宰府の成立と地理・歴史環境

　大宰府跡とその関連遺跡は九州の福岡県に位置し、県中西部の太宰府市を中心に所在する。古来より大陸や朝鮮半島との窓口の役割を担った博多湾から、南に約15kmの内陸に位置する。大宰府跡の中核をなすのは太宰府市の大宰府政庁跡で、現在は史跡公園として整備され、都府楼址（と ふ ろう）の名称で市民に親しまれている。

　古代にはこの大宰府政庁を中核として、実務を担った役所群が南側を中心に配置されていた。これら官庁街を最北の中央に配置し、街路プランを取り入れた都市域もさらに南一帯に広がっていた。奈良の平城京とスケールは異なるが、中核施設を北端部中央に置き、南へと伸びる中央大路を挟んで左右対称の方形をした都市プランは同じ設計思想である。宮殿こそないが、まさにミニ平城京が作られたのである。大宰府の場合は水城（みずき）や大野城（おお の じょう）、基肄城（き い じょう）、阿志岐城（あ し き じょう）などの古代山城が周辺地域に配置されているのが特徴である。

　公共放送の地理的散歩番組が教えてくれるように、その地域の地質や地形と土地の歴史は、分かちがたく結びついている。ここでは、九州の内政・外交・軍事を担う大宰府がこの地域に設置された理由を探ってみたい。

　大宰府周辺の自然地形は、周囲を山地に囲まれた盆地状の平地地形をなし、山や嶺の稜線で3方を囲まれている。軍事的にはこの地

形を最大限に利用して、大宰府の置かれた地域を防衛する構想を考えたのではないだろうか。

まず大宰府の北側にある四王寺山に古代山城の大野城を築き、南方の基山には基肄城を造営している。大野城からは博多湾が眺望でき福岡平野を威嚇し、基肄城からは有明海や筑紫平野への睨みを利かせている。

次に幅1.2km前後の狭隘な二日市低地帯の存在も重要である。この低地帯は博多湾沿岸の福岡平野と、南の筑後川によって形成された筑紫平野を繋ぐ重要な交通路となっている。現在も福岡から九州各地へと伸びる JR・私鉄、高速道路や国道・県道など全ての交通機関がこの低地帯を通過している。古代にこの狭隘な低地帯に一

図2　大宰府跡周辺地形

文字の水城を築城し、通路を完全に遮断したのである。

　そして四王寺山南麓にひろがる段丘面と、御笠川以南の広大な平野も重要である。大宰府設置以前には、まだ湿地かそれに近い恒常的な水害に晒された地域であり、前代の遺跡分布から見ても生活基盤として有効に活用されていなかった地域とみられる。大宰府の機能を実現するには広大な面積の確保が必要なので、こうした未開の広い土地が存在していたことも大宰府選地の理由の1つだったと思われる。

　以上記した要因は、大宰府が現在地に整備されたという歴史的事実から出発したいわば結果論である。施設の位置選定の要因には、自然地形や政治的あるいは生産性や交通などの面での適地という複合的な要因があったことは間違いない。当時の位置選定がどのような様子で行われたかは定かでないが、宮都の造営と同じ選地の思想があったと見るべきであろう。仮に軍略や土木技術、あるいは風水に通じた識者が現地を訪れて、彼らがいくつかの高台に登って適地を踏査したとき、現在の地は魅力的な場所に思えたことはまちがいなかろう。

(2)　大宰府跡と関連遺跡

　大宰府の遺跡の多くは、太宰府市を中心にした周辺地域に位置している。ただし古代の大宰府というとき、その内容や範囲はじつは一定ではない。範囲からすれば次の3つのカテゴリーを重層的に使用することが多い。

　①　律令制官司としての大宰府で、その範囲は大宰府政庁跡と周辺の官衙遺跡が位置する範囲。

②　①に加えて、鏡山猛が提唱した古代都市としての大宰府都城
　　を指す場合で、およそ2km四方の碁盤の目状に区画された
　　条坊制とその範囲。

③　政治都市の側面に加え古代寺院等の宗教関連遺跡、防塞施
　　設、さらには大宰府の生産遺跡や交通遺跡を含む最も広い範
　　囲。

　①と②までは地理的に二日市低地帯とその周辺に限定されるが、
一部は外国使節団を受け入れた鴻臚館（筑紫館）跡のように博多湾
沿岸に達する。③になると、関連遺跡は九州全域に及んでいる。防
塞機能では対馬の金田城や熊本の鞠智城、さらには神籠石山城も含
まれる。九州では主要官道は大宰府を起点にして四方に延びてお
り、古代官道跡や駅家跡も含まれることになる。このように大宰府
跡とその関連遺跡はかなりの数に上り、広範囲で多種の遺跡を含ん
でいる。

　本書では①を中心に記述し、必要と思われる周辺の関連遺跡につ
いて補うことにする。また、本書の表紙等での遺跡所在の市町村名
は①の所在する太宰府市としている。

第2章 | 大宰府跡の研究史と保護の歴史

　本格的な大宰府の考古学調査は1968（昭和43）年から開始された。それより以前は現地に残された礎石の地表調査を行うか、もしくは地誌などの文献記録や古絵図を頼りに研究するほかなかった。大宰府政庁の殿舎は11世紀後半頃には廃絶したとみられる。その後の様子を記した記録には、1480（文明12）年に連歌師飯尾宗祇が著した『筑紫道記』がある。この頃、都府楼は礎石が残されただけの野原の姿が記されている。さらに16世紀には都府楼の存在そのものが忘れ去られていたようである。

(1)　近世〜近代の遺跡保護

　福岡藩編さんの３つの地誌　18世紀に入って都府楼跡にたいする関心が高まりをみせる。福岡藩が藩命で筑前国内の村々の歴史や地理をまとめた地誌が３冊ある。最初は1703（元禄16）年、黒田藩主に献呈した『筑前国続風土記』（以下、『続風土記』という）である。その後改訂を加えて３年後に完成。著者は儒学者貝原益軒で、健康長寿の指南書『養生訓』の著者として知られ、じつは歴史にも造詣が深い人であった。

　『続風土記』には、現在の筑紫野市・太宰府市・大野城市にあたる御笠郡（上）の中に「太宰府舊址」の項目を設けて、「礎石が多く残りこれが太宰府の址である」と記し、その遺構を大門、大廈、

都府楼址と区分している。さらに「都府楼址」の項目をつくり、「東西十四間、南北六間、大きな礎石三十あり」と詳細な観察を記す。規模や礎石数からみてこれが大宰府政庁正殿を指していることはまちがいない。つまり大宰府の遺跡についての認識は、南から大門（南門）、大廈（官舎）、都府楼址（正殿）ということである。現代の発掘調査で得られた所見に近い建物配置を想定していたことに驚くが、政庁脇殿を大宰府官人の官舎とし、都府楼址は大宰府政庁全体ではなく、正殿のことと認識していたことがわかる。

　2番目は、1784（天明4）年に『続風土記』の補足と修正を行うために編さんを命じた『筑前国続風土記附録』（以下、『附録』という）である。加藤一純らによる編さんで、政庁跡の地名に内裏跡もしくは紫宸殿というところがあると記している。大宰府政庁跡の一帯の字は「大裏」である。本来の読みは「オオウラ」である。これをあえて「ダイリ」と読ませ、大宰府の長官である帥の執務空間を天皇の居住場所を指す「内裏」（ダイリ）と音通させている。

　3番目の地誌は『筑前国続風土記拾遺』（以下、『拾遺』という）である。福岡藩は国学者青柳種信に『附録』の「修稿再吟味方」を命じた。いわば『附録』の改訂本の編さんである。種信は資料をありのままに記録したいという学問的欲求を持っていた。そのため編さん作業は、まず筑前国の各村々から資料や調書を提出させ、その後に現地調査を行う方法がとられ、種信もくまなく各村を踏査している。原稿記述も同時に進められたが、道半ばで種信は死去し編さんは中断している。その後、子息や門人らに引き継がれたが、藩に正式に完成本が提出されたのかどうかは不明である。

　重松敏彦は『続風土記』と『拾遺』を比較してつぎのようにまと

めている。両者は政庁跡の位置や現状、大宰府の始まりと終わりについては共通する。ただし、『続風土記』で益軒は現在の大宰府政庁跡を「太宰府旧址」と「都府楼址」に区別し成立に時期差を想定して、「都府楼址」を天智天皇による創建と解釈している。これに対して『拾遺』で種信は、「都府楼址」は「此府の正庁なるへし」と述べて大宰府政庁の正殿と的確に理解し、「太宰府旧址」と「都府楼址」を区別せず一体的なものと理解している。さらに、創建時期も「天智天皇の内裏の趾というは誤りなり」と天智朝説を否定している。加えて、益軒から種信に至る間に大宰府跡についての知見や研究が深まっていると指摘し、それは種信の実証的な学問の表れだと考える。

　このように『拾遺』の、大宰府の起源を那津官家とする記述は、今日古代史の定説となった見方であることに驚く。このように従前の地誌の内容を基底にしながらも、原資料を正確に把握し新知見を取り入れて記述する編さん方針は、後の大宰府研究にとって高い史料的価値を提供することになった。

　福岡藩の地誌以外には、上野勝従（うえの ますゆき）による1827（文政10）年の『太宰府考』がある。六国史などの大宰府関係記事を抄録した類書（事典のようなもの）である。大宰府荒廃を憂いて編さんを志したと記し、大宰府跡を「都督府」と呼ぶのは誤解であり、「太宰府」と称すべき、と指摘している。

　また、亀井南冥（かめい なんめい）に儒学を学び、種信について国学を修めた伊藤常足（いとうつね たり）は、1842（天保12）年に『太宰管内志』という九州の地誌を著している。大宰府については『続風土記』からの引用などで構成した。そのためこれを補ったのが『太宰府徴』で3冊を編録してい

る。この『太宰府徴』は16の部門に分けて各種の史料の記事を抄録した類書といえる。

　幕末になると、紀行文や地誌でも取り上げられることはなくなり、大宰府跡への関心は薄れていく。そしてそれが荒廃に拍車をかけることになったとみられる。

　礎石図　近世には、紀行文や地誌類以外にも古図や絵図に大宰府跡の礎石のようすが記されている。福岡藩は今日でいう遺構配置図ともいうべき大宰府跡の礎石の分布図を作成している。1793（寛政5）年に藩主黒田斉隆が観世音寺や都府楼跡を巡視した際に礎石の位置を作成した礎石図は、今日残されている礎石図の中で最も古い。総数156個の礎石配置図の配置を記し、その位置を○で示す（図3）。想定される建物の位置に大門・都府楼跡の文字を記入しており、『続風土記』の記述に従っていることがわかる。

　1806（文化3）年には『太宰府旧蹟全図』が作成される。六度寺の船賀法印が描いたとされる。大野城跡を中央に置いた北図と、基肄城跡を中央西南寄りに描いた南図からなり、旧蹟全図の名称が示すように、図中には地名と寺院や山城などの名所旧跡を記し、詳しい解説文を書き込んでいる。その豊富な情報からは、当時市中に住む人の太宰府についての歴史認識の深さを知ることができる。政庁跡については、正殿と南門のわずかな礎石を描く。

　1820（文政3）年には類似する礎石配置の絵図が複数枚作成されている。範囲が政庁跡と蔵司のみのものと、観世音寺までのもの、さらにはもっと広範囲までの旧跡を取り込んだものがある。絵図の名称や構図が類似する7種類の図が確認されている。ただし年紀や名称と構図が似通っており1枚の元図から派生した絵図とみられ

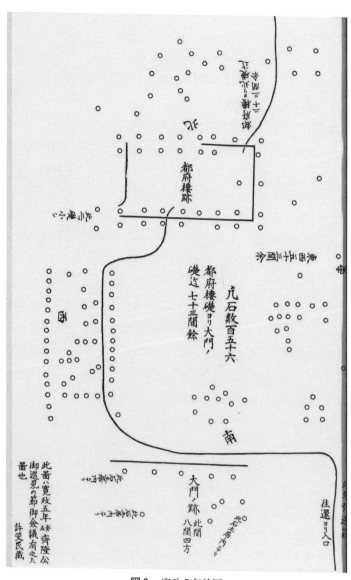

図3　寛政5年絵図

る。これら一連の図は『拾遺』の編纂の過程で観世音寺村から提出
された資料と関わる成果物と考えられている。『文政三庚辰年三月
観世音寺村之内旧跡礎現改之図』（口絵6頁、図4）は、「観世音寺
境内」・「都府楼址」・「蔵司」の3つの旧跡について、簡単な地形や
礎石さらには地目などを書き込んでいる。「都府楼址」には礎石数
は203と記している。礎石を示す○印は200で、一部にずれも見られ

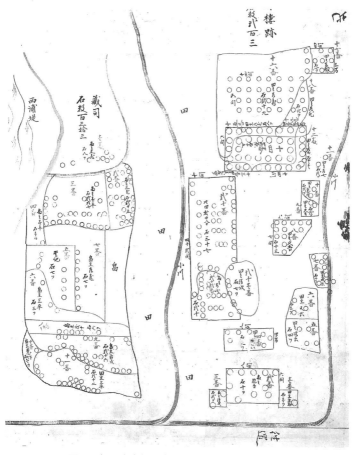

図4　観世音寺村之内旧跡礎現改之図（一部）

るが、最も精度の高い図であったことが、発掘調査の成果と比較して明らかとなった。その後も1821（文政4）年の奥村玉蘭の『筑前名所図会』や1831（天保2）年の青柳種信の『太宰府志』の絵に引き継がれていく。

　このように江戸時代後半期には名所旧跡の検証や地誌の作成がブームとなっていた。福岡藩だけでなく、市井の人々にとってもアイデンティティを確認する場として、大宰府跡に大きな関心が寄せられたのかもしれない。

　それらの大宰府研究は、律令制大宰府、そして菅原道真と天神信仰について関心がもたれていた。明治時代になるとその傾向はいっそう強くなり、1902（明治35）年の道真1000年忌の大祭が斎行されたことを契機に、御笠郡大庄屋の高原謙次郎と旧福岡藩士江島茂逸による『太宰府史鑑』が刊行された。古代の大宰府、菅原道真、そして太宰府天満宮を主題にした地域史の研究が近世より引き継がれたのである。

　日露戦争後には全国各地で郷土史研究を目的に多くの「史談会」が活動を開始し、福岡県内でも1913年（大正2）に筑紫史談会が設立され、その活動は史実を重視した実証的な研究として、日比野利信が「大宰府研究は新しい研究段階へと突入した」と評価している。武谷水城は、その中心メンバーとして大野城、水城そして観世音寺や国分寺など大宰府地域の史跡を網羅的に調査したことが特筆される。1945（昭和20）年には、会誌『筑紫史談』とともに会の活動が終わり、近世・近代の大宰府研究の歴史も終焉を迎えた。

　ここで大宰府跡の考古学的研究の始まりについて簡単にふれておきたい。その嚆矢ともいえるのが池上年の研究であろう。旧制中学

の教師だった池上は、生徒とともに測量機材を用いた政庁跡礎石群の精密な実測図を作成している。1918（大正7）年の「都府楼跡址の研究」には、左右対称の建物配置からなる政庁の平面復元図を発表している。また、九州帝国大学の医学部教授に赴任した中山平次郎は、太宰府地域の現地踏査を行い、表面採集した資料群を研究して遺跡と遺物の両面から捉える実証的な手法を確立した。鴻臚館跡の福岡城内への位置推定や、元寇防塁の命名、さらには大宰府の古瓦の分類などが知られているが、現在の蔵司地区のある場所で採集した鉄製品をもとに、かつて兵器工房が焼失し、後に税物を収納した倉庫が建てられたことを推測している。

これらの考古学的な研究は、福岡県が1925（大正14）年より刊行した『史蹟名勝天然記念物調査報告書』に引き継がれている。翌年刊行された「太宰府址の礎石」には、現況写真のほかに正殿礎石の実測図が掲載され、同時に江戸時代からの礎石数の推移にも言及している。そ

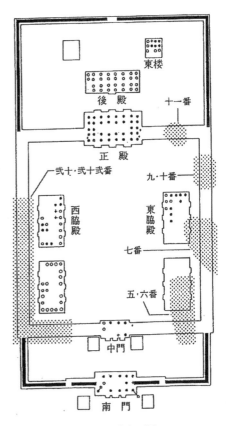

● 図にあり，現存する礎石
○ 図にあるが，現存しない礎石
＋ 図にないが，現存する礎石

図5　文政3年に描かれた礎石の推定図

の後も大野城や水城についての調査報告を掲載し、大宰府跡の文化財保護への足場を固めることになった。そして戦後の1951（昭和26）年には、福岡県と九州大学、国の3者で設置された「大宰府の都制と文化調査会」によって、考古学・文献史学・美術史学などによる総合調査が実施され、学際的な大宰府研究の時代を迎えたのである。

都府楼跡の石碑にみる保護の歴史　遺跡に限らないが、歴史的な記念物は、人々の関心がなくなりその重要性が認識されなくなると、すぐに荒廃するものである。田畑を耕すのに邪魔となれば除外される運命が待っている。大宰府跡も明治時代になると荒廃が進んだ。廃藩置県になり、それまでの福岡藩の保護を失い政庁跡の礎石も半減している。さらには廃仏毀釈により太宰府の寺院の文化財までも失われてしまうことになる。ただし多くの人たちの間で、大宰府を

図6　正殿跡に立つ3本の石碑

顕彰し後世に保存しようという意識は受け継がれていた。その象徴が大宰府跡に建立された3本の石碑である。

　大宰府政庁の正殿跡に3本の石碑が立っている。多くの旅行者がこの石碑を背景に記念撮影を行う場所であり、まさしく大宰府政庁跡の風景のセンター的ポジションを占めている。

　中央の「都督府古趾」は1871（明治4）年に現在の大野城市にあたる御笠郡乙金村の高原善七郎が私費で建立したものである。高原家は福岡藩主黒田家入国以来、明治維新に至るまで庄屋を勤続した家である。善七郎は1819（文政2）年から5年余り観世音寺村の庄屋も務めた。御笠郡の役所に提出した願書には、この場所は意義深い場所なのに標石がなく旅人に存在を知られていないことや、将来田畑となり史跡が消滅することを危惧していることが綴られ、石碑建立は長年の願いだったとも述べている。

　左（西）の「太宰府址碑」は1880（明治13）年に御笠郡有志が同じく史跡消失を憂いて建立したもの。表題は有栖川宮熾仁親王による書で、碑文は県令渡辺清の文章と書家日下部鳴鶴による書である。

　右（東）の石碑「太宰府碑」は3本の中で最も新しく、1914（大正3）年の建立である。しかし、碑文は最も古く1789（寛政元）年に亀井南冥が撰していた。南冥は儒学者で福岡藩西学問所甘棠館の館長の職にあった。東学問所修猷館は現在の福岡県立修猷館高校に伝統が受け継がれている。南冥は甘棠館開校後すぐに志賀島で金印が発見されると、その由来を説明し、また金印についての研究を『金印弁』に著したことで知られる。南冥は藩命で「太宰府碑」の碑文を記したものの、すぐに失脚したために藩も建立を許可しな

かった。しかし、その後の門人たちの尽力によって、南冥没後百周年を記念しての建立であった。

福岡藩はなぜ史跡保存に尽力したのか　都府楼と呼ばれた大宰府政庁も12世紀には廃絶し、文字どおり都府楼跡として残された礎石のみがかつての栄華の姿を後世に伝えていた。中世以降には紀行文に旧跡となった太宰府の姿が記されていたが、近世になると「だざいふ」といえば太宰府天満宮のことであり、もはや古代官衙としての大宰府のことを知る人もいなくなったようだ。都府楼跡も田畑の耕作が進み、礎石も割取られるなど荒廃していた。

　先述したように天明・寛政年間に福岡藩は、政庁跡を中心とする礎石の分布状況を記した礎石図を作成し、『筑前国続風土記』などの地誌にも礎石の記述に多くの紙数を割いている。そ

図7　太宰府碑拓影

して、礎石の持ち出しを禁じて遺跡の保護を図り、大宰府跡の顕彰を行っているのである。藩の政策として大宰府跡の保存と顕彰を奨励したのだ。

　こうした礎石の保護を福岡藩の政策に位置づけたのはなぜなのか。一瀬智は、南冥の『太宰府碑』の碑文にヒントを見つけている。当時福岡藩は佐賀藩と長崎警備を命じられ、そのための重い負担を強いられていた。碑文の中で、大宰府は国防と地域支配、さらには外交交渉にも乗り出す文武両道の役割を果たしていたことを記す。そして福岡藩は藩祖が関ヶ原の軍功で筑前国を領有したので、筑前国内に存在した古代の大宰府を継承したことになり、長崎警備を担うのは道理にかなっていると説いた。古代に国境防備を担った大宰府の役割に長崎警備の大義名分を関連づけたのである。さらに大宰府跡はこれを体現する場なので福岡藩によって保存・顕彰されることになったと、一瀬は推測している。

(2) 現代の保護

　大宰府跡に行政の保護策が講じられたのは、1919（大正8）年に「史蹟名勝天然記念物保護法」が制定されたことによる。政庁跡は「大宰府跡」として、「水城跡」とともに1921（大正10）年に10ヘクタールが国史跡に指定された。このときは遺構の存在する場所だけの保護である。土地開発がまだそれほど想定されていなかったので、点的な保護で足りると考えられていたのである。

　戦後は、1950（昭和25）年の「文化財保護法」の成立により、積極的な遺跡の保護策が図られるようになった。文化財の重点保護を特長としたこの制度では、史跡指定についても、特に重要なものを

「特別史跡」と位置づけており、1953（昭和28）年には「大宰府跡」・「水城跡」・「大野城跡」、翌年には「基肄城跡」が特別史跡に指定された。また、戦前のように指定するだけでなく、公有化も進めることで積極的な保存策が講じられるようになった。

　指定拡張への動き　新たな転機は、1950年代後半の大規模開発の波が太宰府地域に及んだことである。四王寺山南麓の一帯で、住宅団地の大規模な造成計画が持ち上がった。文化財保護委員会（現文化庁）は、以下のような条件を付けて開発計画を認めることにした。住宅地をこれ以上広げないことや、古都保存法に倣って木造・黒瓦を使用すること、さらには、必要な地域を史跡指定地に含めることなどであった。そこで「大宰府学校院跡」と「観世音寺境内及びその子院跡」を新たに史跡指定し、「大宰府跡」も指定地域を拡張することで、この南麓120ヘクタールを全体的に保全することを

図8　1950年代の政庁周辺

決定した。指定地域は一挙に10倍以上に増加することになったのである。

　このことが新聞報道されるや地域住民の反対運動が起きることになる。土地が史跡指定されると、当然土地の利用は制限されて将来の発展も現在の生活も侵害されるのではないかという強い危機感を住民が抱いたからである。解決へと動き出したのは、地元住民代表・行政・学識経験者の20余名からなる「太宰府地区史跡保護整備協議会」が1967（昭和42）年に設立され、関係者の意見調整が図られたことによる。この協議会で指定拡張予定地を規制の点で3つのランクに分けることによって、保存管理計画の提案がなされ、大筋で合意されることになった（図9）。

　A地区は、すでに礎石などの遺構の存在が確認され、学問的にも重要な地域で、政庁跡・学校院跡・観世音寺などが該当する。公有化を促進し、環境整備を行う。また、家屋の新築を認めないなど現状変更にも厳しい制限を設けている。

　B地区は、遺構未確認の地域が対象で、現状変更はある程度容認するが、発掘調査の結果では公有化を図ることにしている。観世音寺子院跡が該当している。

　C地区は、上記A・B地区内の住宅区域で、歴史的景観に配慮するものの、強い規制はかけない地域である。

　保存管理計画が策定された後に、指定地の規制の内容や土地買い上げの順序とその単価や負担率、そして史跡整備のプランなど具体性のある内容も協議されるようになった。

　発掘調査はなぜ行われたのか　指定範囲を拡張することについて、土地所有者の理解は得られた。ただし遺跡の重要性を強調しても、

ピンとこない住民が多いのは当然である。行政側は住民の理解と支持を得るには、地下に眠る遺構の状況を具体的に明示することが必要と考えるようになり、発掘調査の実施が具体的に検討されるようになった。また将来の史跡を公園整備する材料も必要であることから、計画的な学術調査の体制を作り上げることになった。こうして、奈良国立文化財研究所から赴任してきた藤井功（元九州歴史資

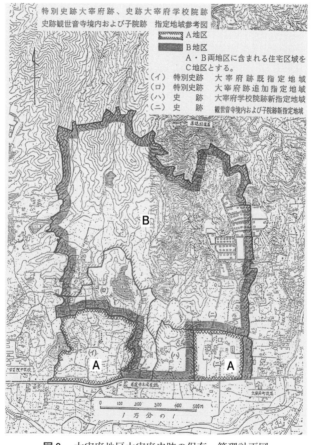

図9 太宰府地区大宰府史跡の保存・管理計画図

料館副館長・故人）をはじめとするスタッフが福岡県教育委員会に組織された。

　そして1968（昭和43）年10月19日に大宰府政庁中門跡において鍬入れ式が行われた。この日から大宰府の本格的な調査研究が開始されることになった。発掘作業には土地所有者である観世・坂本・国分地区などの住民が参加し、地域住民は自身の手で史跡を掘ることを通じて徐々に史跡への理解を深めていったのである。

コラム：文芸にみる大宰府の情景

　古代から今日まで、短歌・紀行文・連歌・俳諧・俳句など大宰府を主題にした文芸作品が多数残されている。大宰府が存在した同時代のものには万葉集や道真の漢詩が知られ、当時の情景が断片的に記されている。たとえば万葉集に水城跡を舞台に詠んだ大伴旅人の和歌がある。「水茎の水城の上に」と、水城の枕詞として水茎の語を使用しているが、おそらく水城前面の外濠には奈良時代もまだ水が溜まっていたことを示すものと思われる。このように、これらの文芸作品は当時の大宰府の情景を知る手がかりになるのである。

　さて、1960年頃の大宰府政庁跡の写真（図10）には、正殿跡に隣接して農家のような家屋が写っている。正殿跡は太宰府の名所として知られており、なぜその隣に一般の家屋があるのか不思議に思っていた。

　意外なことにその答えは

図10　1960年頃の太宰府政庁遺跡

ある小説の中に記述されていた。昭和を代表するミステリー作家でもあり歴史家でもあった松本清張の『時間の習俗』がそれである。犯人の巧妙なアリバイを崩すためにその足取りを追う刑事は、政庁跡にも足を伸ばす場面がある。

　都府楼跡の礎石と碑の横に茶店があり、店先にサイダーやジュース、アイスクリームが並んでいる描写がある。家屋は武蔵温泉（現在の二日市温泉）から時折観光にくる人を相手にした茶店だったのである。冬の寒い時期は店を閉じていたとあり、商売というより、おもてなしという側面が強かったのではないか。

　もう一つ「ホトトギス」の代表的な俳人川端茅舎の句を紹介したい。「菜殻火は観世音寺を焼かざるや」、「都府楼址菜殻焼く灰降る事よ」。

　太宰府あたりでは、かつて初夏の風物詩だった「菜殻火」が見られたのである。春には一面に菜の花畑が広がり、初夏には菜種油を搾る菜種を採ったあとの乾燥した菜殻を焼き払っていたのである。大宰府跡周辺では、天を焦がすような炎に人々は魅了されていたのである。

第3章 大宰府の前史と機能

(1) 大宰府成立以前の北部九州

筑紫君磐井の乱以後 大宰府の存在が、筑紫（古代の九州北部地域）の首長層や一般民衆を支配するために打ち込まれたクサビだとすれば、大宰府の前史はいわゆる「筑紫君磐井の乱」にまでさかのぼる。

『日本書紀』には筑紫君磐井が新羅と手を結び、527（継体21）年、ヤマト王権による大軍の渡海を阻止するために反乱を起こしたが、激戦後の翌年、倭王権は磐井を鎮圧したと記す。これが筑紫君磐井の乱である。

この磐井の乱で敗北した筑紫君の勢力は、ヤマト王権の傘下に下ることになり、朝鮮半島との外交窓口としての役割を担うことになる。磐井の乱の後、その子の筑紫君葛子は倭王権に糟屋屯倉を献上したとされる。糟屋は志賀島を含めた博多湾東側一帯を占める海上交易の拠点である。屯倉はヤマト王権の直轄地で、倉などが置かれた施設を意味する。さらに535（安閑2）年、筑紫に穂波・鎌、豊に勝碕・桑原・肝等・大抜・我鹿、火（肥）に春日部の屯倉を設置。ヤマト政権は直接支配を強めるために、磐井の勢力範囲にあった筑紫・豊・火に屯倉を設置したのである。しかも豊には5カ所と数が多いことが注目される。その比定地は豊の関門海峡から周防灘沿岸に多く、筑紫の2カ所を結ぶと福岡平野から瀬戸内へと通じる

北部九州の横断路となる。また、糟屋とは響灘沿岸のルートを辿ると関門海峡へと通じることができる。屯倉の道とも呼べるこの複線ルートは『延喜式』記載の駅路と重なっており、その布石となったともいえる。ただし、各地に分散し交通路も未整備なことから、有事には間に合わないことも考えられる。そのため拠点を1カ所に集中させる体制が望まれた。

那津官家の設置　ヤマト王権の筑紫支配を加速したのが、536（宣化元）年の「那津官家」の設置であろう。遠国から穀を運び、博多の古名である那津の口に官家を修造することを命じている。九州各地の屯倉からも穀を集積させて、内外の非常時に備えている。ところで官家もミヤケと読むが、屯倉が倉を重視しているのに対し官家は官衙的な色彩が濃いと一般に理解されている。

那津官家の役割は、国家安寧のための凶作への備えと来日する賓客への饗応があり、さらに前線を支援する補給基地の役割があったようである。那津官家は、外交そして軍事の重要な拠点を構築するために九州内の屯倉を統括したのである。言い方を換えれば、これにより対外派兵のためのヤマト王権による筑紫支

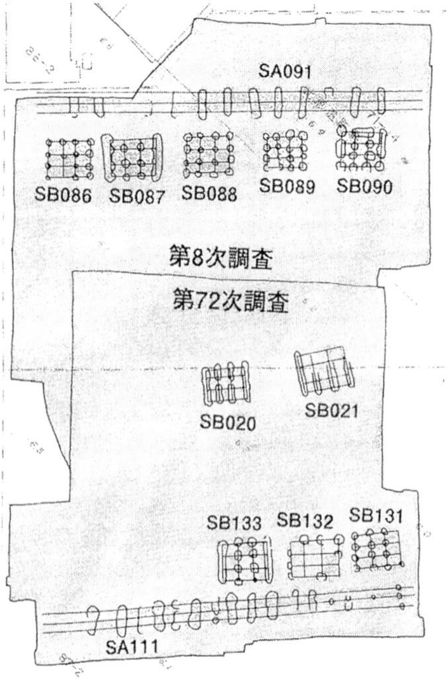

図11　比恵遺跡群第8・72次調査区遺構図

配という目的が達成されたことになる。

　那津官家の所在地については博多湾沿岸のいくつかの地点が候補とされてきた。近年、博多駅南側一帯に広がる比恵遺跡が、那津官家に比定されている。柵に囲まれた60ｍの方形区画内で柵に沿って整然と配置された10棟の倉庫群や、中央の広場が確認されている（図11）。6世紀中頃から7世紀にかけて存続したとみられ、当時の入り江近くに立地することからも、那津官家に造営された倉庫群の可能性が高い。

　この他にも福岡市有田遺跡・古賀市鹿部田淵遺跡、そして内陸の筑前町惣利遺跡で6世紀後半を中心とした大型掘立柱建物が確認されている。ともに三本柱の柵構造によって区画された内部に、大型総柱建物が整然と並ぶ。建物の規模や構造に微細な違いはあるが、ほぼ同時期に出現するなど強い類似性がうかがえる。規模の大きさと立地からみて、地方支配の拠点施設となった屯倉の可能性が考えられる。

　かつて筑紫地域の首長層は朝鮮半島南部の地域を中心とする多面的な対外交渉を展開してきた。しかし、6世紀前半になると親百済政策へと傾きつつあったヤマト王権が、新羅と結んだとされる磐井を排除し、以後、ヤマト王権による対外交渉の一元的な掌握が進んだとみられる。一方で筑紫に対するヤマト王権の認識は、宣化元年の詔に「筑紫は去来の関門」と記されていることが象徴しているように、対外交渉の窓口の役割が期待されることになり、同時に東アジアの国際関係が緊張するなかで、軍事戦略上の要地に位置づけたのである。

　白村江の敗戦　朝鮮半島三国の対立抗争も、唐王朝の成立後に情

勢はより流動的となった。そのきっかけは、642年に高句麗と百済が新羅を侵略したことで、新羅が唐に救援を求めたことによる。唐は高句麗遠征を再開したものの成果が得られず、660年には戦略を転換し、高句麗と結ばれていた百済を討つことにした。唐・新羅軍は電撃的に王都扶余城を攻め、これを陥落させ百済は滅亡。

　百済滅亡の情報が倭国（日本）に伝えられたのは660（斉明6）年9月である。同年10月には百済復興軍を指揮していた鬼室福信が倭国に救援軍の派遣を要請し、併せて質として倭国に滞在していた百済の王子の豊璋の帰還を願い出ている。百済救援の決定は速やかに行われ、翌年の正月には斉明天皇みずから、中大兄皇子以下朝廷を引きつれて筑紫へ向かった。一行は兵を整えながら約3カ月かけて筑紫の娜大津に到着し、磐瀬宮に入った。引き続いて朝倉橘広庭宮に遷ったが、ここで斉明天皇は崩じた。斉明天皇の死後には改めて博多の長津宮（娜大津を長津と改称）に遷移し、中大兄皇子が軍政の指揮を執ったとされる。

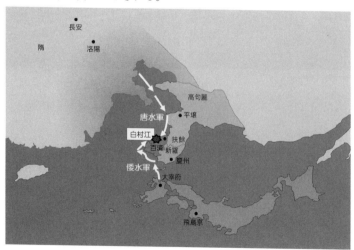

図12　白村江海戦への道

さて、百済救援軍は661年の夏に第一陣が派遣され、663（天智2）年春に第二陣が渡海している。同年8月にはさらに第三陣が万余の兵力での渡海が記されている。そして白村江で唐の水軍と会戦し、ついに大敗してしまう。この白村江の敗戦によって、百済は完全に滅亡し、倭も撤兵を余儀なくされ、朝鮮半島への足がかりを失った。筑紫で敗戦の報告を受けた中大兄皇子の胸中を知る由もないが、唐・新羅による本土侵攻という事態に、ただならぬ危機感を抱いたことだろう。

⑵　大宰府の成立

　城塞都市大宰府の誕生　663年の白村江での敗戦後、天智朝は即位を控えた状況でただちに権力集中をめざした国制改革に着手し、同時に唐・新羅連合軍の侵攻を想定した防衛体制構築に乗り出す。

　『日本書紀』によれば、敗戦の翌年に、対馬・壱岐両島と北部九州の沿岸部を中心に防人と烽を配置。防人は辺境防備のために配属された兵員で、律令制では3年交替で赴任することになっている。また、烽は狼煙のことで、発火や発煙によって遠隔地に緊急の事態を伝達する手段である。

　同時に九州北部の筑紫に水城を築造。665（天智4）年には瀬戸内への関門である長門と、筑紫に大野城・椽（基肄）城、さらに2年後には近畿の高安城と瀬戸内の屋嶋城、最前線の対馬に城を築いたと記す。戦略としては、まず防人による海浜警備と、通信網となる烽の体制を整えたのである。次に大宰府の地に内陸の防衛拠点を形成して、さらには対馬から瀬戸内そして畿内の王都に至るまでの陸路・海路の主要幹線に多重防御線を敷いたと想定できる。

筑紫大宰と大宰府の成立　日本の古代の官制は、645年の大化の改新によって旧来の地方豪族が再編されて、中央集権的な制度に整えられたとされる。大宰府の前身とされる筑紫大宰の成立と展開については明確な史料はない。筑紫大宰の史料上の初見は609（推古17）年であるが、その前年に遣隋使小野妹子の帰国時に従ってきた隋の使節裴世清が来朝し、筑紫に滞在したのを契機として筑柴大宰が設置されていたとみる。そして、大化の改新頃に地方行政が国造制から再編された時点から、広域行政を総括する立場として内政機能が拡充されたと思われる。

　現在考えられている通説は、白村江敗戦後に唐・新羅への備えから筑紫大宰に軍事機能が与えられて、現在地に常駐することになったというものである。筑紫大宰だけではなく筑紫総領の名称も史料に登場する。この総領は天武・持統朝期を通じて、筑紫以外に東国や吉備・周防・伊予・播磨の地方にも登場する。そして筑紫ととも

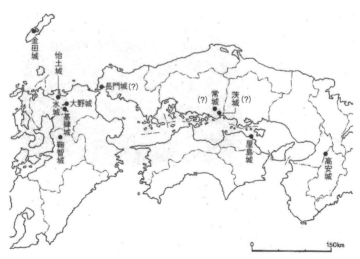

図13　史料に記載された古代山城分布図

に総領と大宰が設置されたのは吉備である。その後、689年の飛鳥浄原令や701年の大宝律令によって制度的に規定する諸法令が整備されたことで、筑紫大宰のみが律令制の大宰府へと引き継がれ、名実ともに1つの大宰府となったとみられている。

大宰府の機能　律令制の大宰府の機能は、政治・経済・軍事・宗教・文化・交通・治安などの多彩な分野の機能が備わっていたとみられるが、大きくは3つの機能に集約される。まず、国交を結んだ国との外交機能、次に九州各国を治める内政機能、さらに軍事機能である。

外交機能は、来日する外交使節団の受け入れがある。白村江敗戦後に軍事や外交での後進性を思い知った倭国は、日本という国号を定め、あらためて東アジア諸国との国交を開始した。そのために、九州北部を正式な唯一の玄関口として大宰府を設置し、外国使節や外国商人等を国家管理の下で受け入れたのである。

内政機能は、中央政府からの命令を九州各国（筑前・筑後・肥前・肥後・豊前・豊後・薩摩・大隅・日

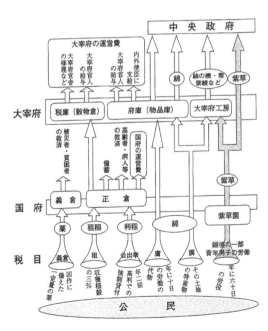

図14 太宰府の税のシステム

向・対馬・壱岐）に伝達し、逆に諸国からの報告は大宰府を通じて中央政府に提出することになる。地方支配は国郡制が基本なので、他地域は中央政府から各国へのルートのみなので、九州各国にとって大宰府は中央政府のようにも受けとられていたと思われる。とりわけ租税の一部と調庸物は中央政府にではなく大宰府に納められて大宰府の財源に使われた。

　軍事機能は、白村江敗戦直後の危機感をその後も長く抱き続けてきたことによる。東国から海浜防備のために派遣された防人も、大宰府のもとで防人司が管轄していた。古代の軍政の基本は主に農民から徴発された兵士により構成された軍団制である。対新羅防備・隼人征討について有事の出兵にはじまり、大宰府の政庁や諸官衙さらには兵庫などを警備し、大宰府の治安維持も担っていた。

　この3つの機能について、大宰府跡と関連遺跡の発掘調査によって、史料では分からかった事実も明らかになってきた。次章からはその発掘調査の成果を記すことにする。

遺跡のあゆみ

―発掘調査が語るもの―

第4章 大宰府跡の発掘調査

(1) 発掘調査の経緯

発掘調査の経過　大宰府史跡に対する本格的な発掘調査の開始は、大宰府跡を保存する意義と遺跡の価値を目に見える形で住民に示し理解を得る絶好の機会と期待されていた。そこで、1968（昭和43）年7月1日に竹内理三（早稲田大学教授）を委員長とする大宰府史跡発掘調査指導員会（以下、指導委員会とする）が発足し、調査の基本計画や発掘調査候補地について審議が進められた。この審議結果を受けて、同年の10月19日に大宰府政庁跡で待望の鍬入れ式が挙行されたのである。その前月には奈良国立文化祭研究所より、藤井功が調査責任者として着任している。

　第1次発掘調査は福岡県教育委員会によって、大宰府政庁跡の南門跡と中門跡から着手した。調査成果は後述するが、調査では地元住民が発掘作業に直接従事し、その成果を目の当たりにしたこともあって、指定拡張の地元協議では史跡保護への理解が進み1970（昭和45）年には大宰府史跡の指定拡張が正式に告示されたのである。ただし、実際には調査員と地元の作業

図15 初代指導委員会

図16　1968年の鍬入れ式と第1次調査風景

員の間係はスムーズに滑り出したわけではない。「発掘調査反対」
のムシロ旗が林立する中で発掘調査が行われていたのである。調査
員と作業員の意思疎通がスムーズでなければ調査もうまくいかな
い。作業に協力した地元の人々にとってはなにせ初めてのことであ
り、戸惑いがあったのである。参加した地元の人によると、発掘調

査が始まってすぐに、
調査員の藤井は作業が
ひと段落すると、発掘
小屋でたき火を囲みな
がら発掘調査の方法や
そこから広がる歴史の
話を、平城宮発掘の経

図17　中門跡調査（第1次）

験談をまじえて落語のように話してくれたという。この発掘教室は長らく続けられ、地元の作業員は発掘に興味を持つようになり、現場の人間関係も好転したとのことである。夜は酒を酌み交わす仲となり、地元との対立は徐々に融解し指定拡張に同意してくれたのである。

　1972（昭和47）年４月１日には、九州歴史資料館が発足し、大宰府史跡の調査も教育庁文化課より移管された。これを契機として指導委員会では、長期的な視野にもとづく計画的な調査の必要性が提案され、以後は５年ごとに目標と内容を設定した５カ年計画が指導委員会によって策定されている。

　調査体制　九州歴史資料館調査課の体制は、調査課長以下、発掘担当職員４名、文献１名の体制が長らく続いた。発掘現場の担当は２名体制で３カ月ごとに交替し、内勤は出土遺物の整理や研究に従

表1　太宰府跡５カ年ごとの調査計画一覧

計画次数	年度	調査対象遺跡
個別計画	～1971	大宰府政庁跡、学校院跡、観世音寺、子院跡、政庁周辺官衙跡
第１次	1972～	大宰府政庁跡、学校院跡、月山東地区官衙跡、政庁周辺官衙跡
第２次	1977～	大宰府政庁跡、学校院跡、蔵司跡、観世音寺、子院跡、政庁周辺官衙跡
第３次	1982～	月山東地区、学校院跡、観世音寺、子院跡、政庁周辺官衙跡
第４次	1987～	学校院跡、観世音寺、子院跡、政庁周辺官衙跡
第５次	1992～	観世音寺、子院跡、政庁周辺官衙跡、水城跡
第６次	1997～	水城跡、大宰府政庁跡、筑前国分寺跡、学校院跡、政庁周辺官衙跡
第７次	2002～	水城跡、観世音寺、子院跡、政庁周辺官衙跡
第８次	2007～	蔵司地区官衙跡、大野城跡、政庁周辺官衙跡
第９次	2012～	蔵司地区官衙跡、大野城跡、政庁周辺官衙跡
第10次	2017～	蔵司地区官衙跡、大宰府外郭線

事することになる。この体制も90年代頃から徐々に変化していった。史跡整備事業の事前の発掘調査が増加したこと、また史跡地内での公共工事などの現状変更に対する立会調査も増加したこと、さらには寺院官衙遺跡の専門機関として地位を固めてゆくにつれて、県内外からの調査依頼や調査指導が増加したためである。

　現在では発掘調査面積が減少してきたことから、県内の発掘調査全般を統括する室長のもとで班長と2名の担当職員という体制がとられている。

⑵　大宰府政庁跡の発掘調査

　九州大学考古学教室初代教授の鏡山は、1968（昭和43）年に江戸時代の礎石配置図を参考にして、平城宮の朝堂院を簡略化した大宰府政庁復元案を示した（図18）。まさに大宰府跡の発掘調査が開始された年であり、大宰府跡の調査の指針となっている。

　政庁跡の発掘調査の経過は表1のとおりで、これまでに11回の調査を実施している。第1次調査は南門跡と中門跡で実施された。調査は以後の政庁建物の時期区分を決定す

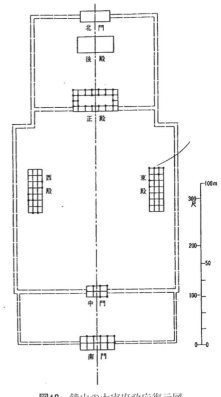

図18　鏡山の大宰府政庁復元図

る重要な成果が得られている。南門跡では拡張された基壇を確認していたが、中門跡では大きく3時期にわたる遺構を確認している。最下層の第Ⅰ期は掘立柱建物で、上層の第Ⅱ期と第Ⅲ期は門遺構で基壇を伴う礎石建物である。第Ⅰ期は柵遺構などで重複関係から3期に区分できることが判明した。

また、中門基壇の東西両端には回廊遺構が取り付き、南門には築地遺構が敷設されていることが明らかになった。この成果は、政庁の外郭範囲の把握を優先するという、その後の調査の方向性を決め

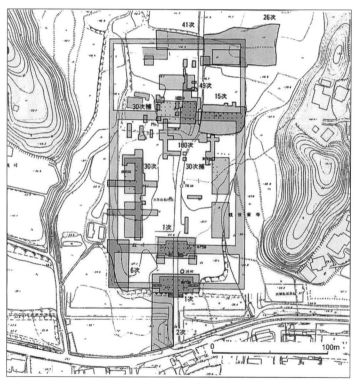

図19 政庁跡調査位置図

ることにもなったのである。

　もう1つの成果は、両門の基壇積土中から、第Ⅱ期の造営時に埋納された短頸壺と呼ぶ須恵器壺を用いた鎮檀具がそれぞれ出土したことである。水晶や琥珀などが納められていた。短頸壺の製作時期は8世紀前半代なので、政庁の造営が8世紀前半にあることを示している。

　この南門跡と中門跡の調査によって、正殿中心点とを結んだ政庁の中軸線が確定できた。これ以降の調査は中軸線を対称軸にして東西を折り返すことで全体の建物配置を復元すればよく、最小の面積で最大の効果を発揮する発掘調査となった。2次調査は南門前面に存在が予想された外濠の確認だったが、自然流路によって壊され遺構は確認できていない。次の6次調査は回廊の平面プランを探るために回廊西南隅を対象に調査した。その結果中軸線から55m付近

図20　中門跡の発掘調査

図21　回廊跡の発掘調査

図22　西脇殿跡の発掘調査

で北に直角に折れることが明らかになった。

　さらに回廊、築地塀については15次・26次と継続して補足調査を実施し、これにより政庁外郭の範囲が確定した。そして次は回廊で囲まれた内庭部へと調査が進められた。30次調査では南北に並ぶ塼積基壇建物2棟を検出し、脇殿の規模と下部構造が明らかとなった。さらに、玉石敷遺構も確認され、後に補足調査で回廊内の東西脇殿と正殿から中門までは全面玉石敷だったことが判明した。築地塀に接続する北門の検出を目的とした41次調査は、門遺構は確認できなかったが、築地基壇化粧の石積みが変化する約6mの空間があったことから北門の存在が想定できた。つまり中門や南門のように独自に基壇を造るのではなく、築地基壇を利用した小規模な構造の門だったと推定できた。つづく第49次調査では中枢施設である正殿の基壇化粧と階段、さらには後方の後殿建物の礎石建物を確認し

図23　後面築地跡の発掘調査

た。

　政庁域の発掘は、1977（昭和52）年までのおよそ9年間でいったん区切りを付け、正殿跡の解明を将来に残してその全容を把握することができた。大きな成果として政庁の建物は3期に区分でき、その変遷を明らかにすることができた。

　第Ⅰ期　第Ⅰ期は礎石建物の下層にあるために調査面積は限りがあるものの、南門から北門まで遺構が分布することが予想された。建物は整然とした配置からなる掘立柱建物で、真北を意識しており、当時としては荘厳さを保っていたとみられる。

　第Ⅱ期　政庁建物は全体としては南北に長い長方形プランをなす。北面と南面に築地、中央部分を回廊によって囲繞する。南北長は2町、東西長は1町の設計である。計測値は芯々距離で南北215.15m、東西119.2mである。東西1町は大宝令小尺の400尺で、平城宮の大極殿院と同一規模である。

　配置は主要な建物が中軸線上に配置され、すべて礎石式の柱が採

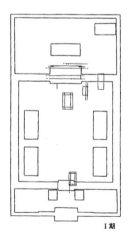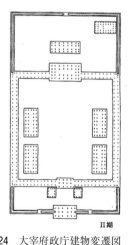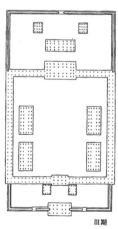

Ⅰ期　　　　　　　　　Ⅱ期　　　　　　　　　Ⅲ期

図24　大宰府政庁建物変遷図

用され瓦葺きの屋根が伴う建築構造である。建物の配置を細かくみてみよう。政庁の正門である南門には中央3間分に柱間1間ずつの階段が3カ所にある。中央間が最も広い。南門より中に入ると東西に南面築地が巡って中門に取りつく。中門からは回廊が囲続し正殿へと至る。囲まれた内部の東西両側に磚積基壇の脇殿が南北にそれぞれ2棟並ぶ。正殿の背後には後殿が控え、後殿域が北面築地に中央部に北門がある。

　正殿と中門そして東西脇殿に挟まれた内庭部の中央一帯は砂利敷きであるが、両脇殿前面には東西8mほどの幅で約20cm前後の玉石を敷き詰めている。玉石は川原石状の自然石で平坦面を上に揃える。正殿前面は脇殿とは異なるやや大きめの石敷きがなされている。

第Ⅲ期　基本的に第Ⅱ期の建物プランを踏襲した建て直しがなさ

図25　大宰府政庁復元模型

れたとみられている。ただし、南門の基壇を拡張し、回廊では一部で柱間寸法を縮小、後殿地区での建物の有無に違いが認められ、礎石の移動も確認している。

　層　序　政庁域は北から南に緩やかに傾斜する。正殿跡周辺と南門跡周辺では 2 m 前後の高低差がある。表土を除去すると下層に広がる堆積層は南側ほど厚くなる傾向にある。基本的な層序は図26

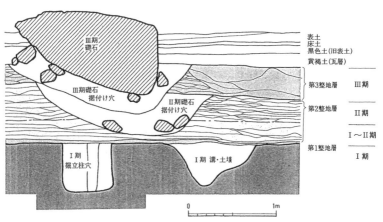

図26　政庁跡土層模式図

◀焼土・炭化物包含層

図27　正殿跡焼土層

に示したように、3層の整地層を確認している。それぞれ3層の整地層が3時期の建物の造営に伴うと考えられている。

　第1整地層は暗茶灰色土で各調査区に薄く単一に広がっていた。古墳時代の遺物を包含している。

　第2整地層は黄褐色に近い粘土質の土壌を用いて整地しているのが特徴的である。整地層出土の土器は8世紀前半代である。

　第3整地層は褐色の粘質土である。焼土・炭化物を含むのが特徴的で各調査区にみられるが、南門と中門の整地層下面からは多量の焼土や炭・灰が発見され、さらに大量の焼土・炭が入った土壙が確認されている。おそらく火災の後の灰燼処理のための穴と思われる。史料には941（天慶4）年に藤原純友の乱があり、大宰府を焼き財物を奪ったと記されている。整地層出土の土器や瓦は10世紀中頃で、灰燼処理土壙から出土した「安楽之寺」銘瓦も10世紀前半以降の製作とみられることから、乱による焼き討ち後に整地され、礎石が据え直されたとみられる。

　この南門と中門の発掘は衝撃的であった。それまで地表に見えている礎石は大宰府成立当初のものと推測されていた。そして、純友の乱によって建物は焼失してしまい、その後は再建されることはなかったと考えられていたのである。ところが、第1次調査ではのっけからこれを覆す発見があった。現在の礎石の下から同じ位置で礎石を据えた痕跡を発見し、さらにその下層から掘立柱の建築遺構を見つけ出した。発掘調査では史実が伝える出来事を証明するとともに、通説を覆すことにもなったのである。律令体制が衰退した10世紀中頃になって、さらに大宰府政庁の建物が再建されるなど誰にも予想できなかった。律令体制と大宰府の終焉についての研究を再評

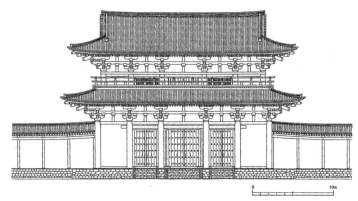

図28　大宰府政庁南門復元模型設計図

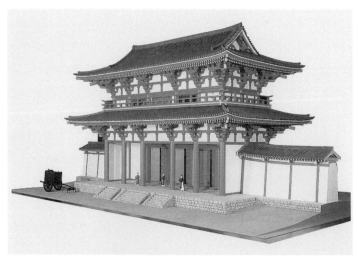

図29　大宰府政庁南門復元模型

価することになったのである。そして、この一連の発掘調査によってのみ政庁跡の規模と構造は明らかにできたのであり、発掘調査の威力を示す結果になった。

(3)　正殿地区の調査と成果

　正殿跡の調査は開始期より時を置いた1997（平成10）年から約3年かけて実施した。正殿については基壇の一部を調査しただけで、規模や構造そして変遷は不明であった。発掘40周年を機会に大宰府政庁跡の正式報告書を作成するために調査を行ったのである。

　正殿は現状地表面に礎石を残し、基壇は周囲に比べて1m前後高い。これは正殿以外の地域は公園整備に伴って盛土していること

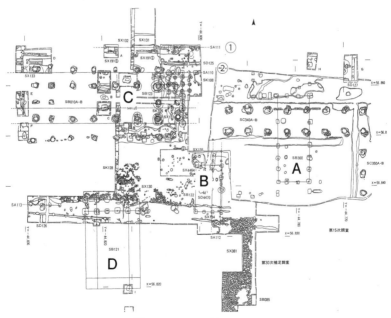

図30　正殿地区遺構配置図

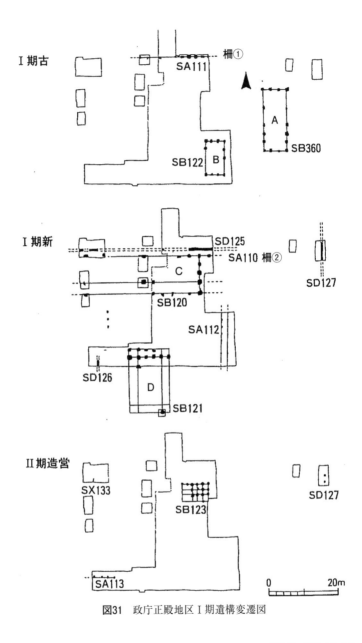

I 期古

柵①

SA111

A

SB360

SB122

B

I 期新

SD125

SA110 柵②

C

SD127

SB120

SA112

SD126

D

SB121

II 期造営

SX133

SB123

SD127

SA113

0   20m

図31　政庁正殿地区 I 期遺構変遷図

から、総体的に低く見えるのである。発掘はすべて手掘りで行い、まずは基壇の表土すべてを除去し、東半分のみ本来の基壇を露出させた。調査は基壇の一部に土層観察用のトレンチを設定して掘り下げ、必要に応じて最小限のグリッド調査を行った。

正殿第Ⅰ期　基壇下層と基壇前面からは政庁第Ⅰ期の掘立柱建物や溝状遺構、柵を検出した。これらの重複関係や層位から、第Ⅰ期の建物は大きく古・新の2つの小期に分けることができる。

第Ⅰ期古は図30・31に示したように、調査区の北側を東西に伸びる柵①と南北棟建物のA・Bの2棟がある。この柵①の柱穴は1m以上と規模は大きいものの柱間寸法は6尺（1.8〜2.0m）とばらつきがある。なにより柱間寸法が短いことが特徴的である。敷地の境界を示すというだけでなく強固な造りだったことがうかがえる。

次に第Ⅰ期新の遺構群では、まず第Ⅱ期正殿基壇と重複するような大型東西棟Cを検出した。ただし、正殿下層の東西棟は上部の礎石を避けながら、しかも基壇の破壊を最小限度に留めた調査であったことから、確実な平面プランは明らかにできなかった。図30・31に示したように南側に廂がつくことは間違いない。興味深いのが、北側柱列は東側に柱穴が延びて、柵②としてそのまま連続するという変則的な長舎構造の建物と推定できることである。また、南側では、7間×5間の四面に廂を有した高品位な建物の大型南北棟Dを検出している。CとDの柱穴は柱抜き取り後に赤褐色の土で埋め戻されている共通点があり、同時に併存していたことがわかる。

また、正殿基壇の整地を行ったときに建てられた総柱建物Eが

ある。柱間寸法にばらつきがあり倉庫というよりは板張り構造の建物ではないかと推測できる。正式報告書には第Ⅱ期政庁の造営に伴う仮設的な建物と記述しいる。

以上が正殿跡で得られた政庁第Ⅰ期の遺構群で、柵や掘立柱建物等の建物は周辺を含めて整地が行われた後に造営されている。柵の柱掘形や整地層には6世紀後半〜末頃の土器を多く含んでいる。これらは以前に存在した古墳に伴う副葬・供献品だったと思われる。第Ⅰ期での大規模な造成工事に伴って古墳群や丘陵が切り崩されたためにこうした遺物が混入したのであろう。

第Ⅱ期正殿　正殿の基壇造営は、最初に第Ⅰ期の掘立柱建物に使用されていた柱を完全に抜き取り、これを埋めたてて造成をする。このときの整地は厚さ20cmで、基壇を構成する積土はこの整地された基底部の上に土と粘土を互層に版築技法によって搗き固められている。基壇化粧は東北隅部で地覆石の根石となる花崗岩切石を用いた列石が確認できている。基壇の規模は東西34.7m、南北19.7mに復元できる。建物は7間×4間の礎石式の四面廂建物である。礎石は花崗岩を丁寧に仕上げたものですべてに円形の柱座がある。とくに身舎部の礎石柱座は4段の造り出しで、それ以外の礎石は2〜3段であり儀礼の場にふさわしい装飾的な礎石である。

このほか、正殿前面には石敷遺構が広がっていることがこれまでの調査で知られていた。正殿の調査時に石敷部分のトレンチ調査を行った結果、第Ⅱ期の整地層の上に敷かれた石敷と第Ⅲ期に一部石敷を改修した部分があることが判明した。石敷は正殿基壇の地覆石から南に5mほどは水平に敷かれているが、それからさらに南にむかうと徐々に傾斜が下がり一段低くなって内庭部の石敷へと変わ

る。平城宮大極殿の前庭に設けられた龍尾壇のような高さはない
が、空間を区別する段差は設けられていたと考えられる。石敷に用
いられた石材は、基壇寄りの水平面では小振りの玉石を敷き、それ
より南は比較的大きな石材が用いられている。すべて乱形の石であ
る。

　第Ⅲ期正殿　基壇は第Ⅱ期と同じ規模でさらに積土を嵩上げし、
礎石も同じ位置で嵩上げして据え直されていた。礎石の一部では、
礎石上面を削り落とした可能性のあることが判明した。なお基壇の
高さを変更したことによって地覆石もあらためて据え直している。
基壇化粧は凝灰岩の壇上積風である。また基壇の前面と後面はこの
ときの再整地で高さが異なり、後面は前面に比べて60 cmほど高く
なっている。回廊の取り付きを境に前面と後面で高さが異なるよう
に基壇周囲の羽目石の高さを調整したのかもしれない。また、基壇
の後面は石敷ではなく瓦敷であった。

　それぞれの存続時期は、出土土器から第Ⅰ期古が7世紀第3四半
期〜第4四半期、第Ⅰ期新が7世紀第4四半期〜8世紀第1四半
期、第Ⅱ期造営が8世紀第1四半期頃と考えられる。

(4)　政庁第Ⅰ期建物群の歴史的変遷

　正殿地区の調査成果を踏まえて、あらためて政庁第Ⅰ期の建物群
についての考察を行うことにしたい。まず、7世紀第3四半期に位
置づけられる政庁第Ⅰ期古の建物群をみると、図32に示したように
正殿域の東西柵の柵①と柵③の2条の間隔は約118 mで、およそ400
尺の完数尺となっていることからも、両端がさらに伸びて四角形の
一郭を構成していた可能性がある。両柵は柱間の間隔が短くバラツ

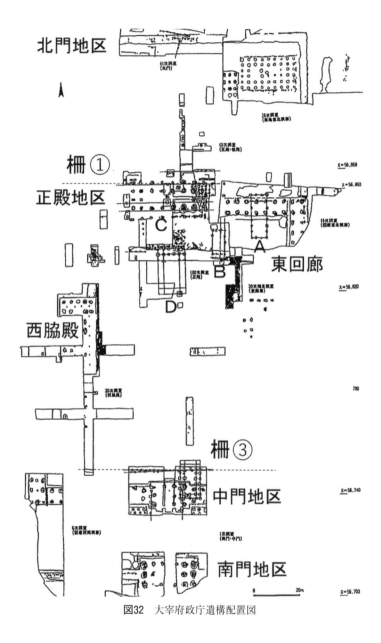

北門地区

柵①

正殿地区

C

A

東回廊

B

D

西脇殿

柵③

中門地区

南門地区

図32　大宰府政庁遺構配置図

キもあり、木柵だったと考えられる。また、この区画内では規模の異なる南北棟の建物が検出されているが、その配置からは残念ながら建物の性格を類推することはできない。建物方位は真北を採用している。

王都では飛鳥宮第Ⅱ期（飛鳥板蓋宮）から真北方位が採用され、その周辺への波及は天武朝頃には始まったという。同時期に大宰府の地でも真北方位を採用し、柵によって区画された郭が存在していたことは重要である。水城、大野城、そして基肄城の造営を含めたマスタープランにもとづいて位置選定がなされた中核施設だったと考えられる。

大野城跡太宰府口城門出土のコウヤマキ製の木柱は、年輪年代測定の結果、650年の伐採年という結果が得られた。この年代に大野城の造営がなんらかの形で開始されていたとなると、これらの山城で防備を固めたと理解される政庁第Ⅰ期古の中核施設は、朝倉橘広庭宮だったという想定を考えたことがある。

もちろん確実な根拠はないが、百済の泗沘都城における王宮のすぐ北に位置する扶蘇山城、そして周囲に配置された山城や東羅城などの外郭の配置計画は、その理念とともに大宰府政庁Ⅰ期古段階の建物を中核としたなんらかの施設と大野城などの防御施設の配置に反映されていると解釈できるからである。

博多湾からの行程に当時数日は必要な内陸の奥まった場所、現在の朝倉宮伝承地周辺に、なぜ百済復興のための前線拠点を構築しなければならないのかという積年の疑問がある。飛鳥から筑紫に行宮するのであれば、はやり最前線となる博多湾に近い位置に、拠点を置くのがふさわしいと考える。古代山城の構築の意義もそこに見出

せるのではないだろうか。残念ながら、斉明天皇の急死によって、朝倉宮はわずか３カ月でその幕を閉じたために、筑紫での宮都の完成は果たせなかったとみられるのである。

　次に、政庁第Ｉ期新で同時併存した東西棟Ｃと南北棟Ｄは、同一の中軸線で配置されている可能性が高く、密接に関連した計画的な建物配置がなされていたとみることができる（図30・31）。中心的な建物は正殿下層に位置した長舎形の東西棟Ｃで、南北棟Ｄはこれに従属するとみている。四面廂構造の建物は一般的に高品位の中心的な建物に採用されることが多い。ただし、柱穴の柱の痕跡からすると用材は25cm前後とそれほど立派なものではなく、また柱間も９尺（270cm）と長尺でもないため、南北棟Ｄを中心建物とするには躊躇せざるをえないと考えていた。

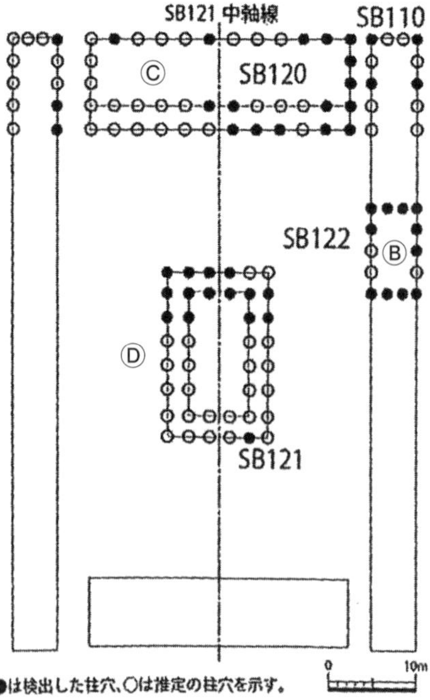

　飛鳥時代の迎賓館である石神遺跡の調査経験をもつ小田裕樹は、南北棟Ｄ（SB 121）について、用材が細くとも柱間を短くすることで梁材を支えることは可能と考えて、南北棟Ｄを中枢建物と考えている。そして東西棟Ｃ（SB 120）と、第Ｉ期古に位置づけていた南北棟Ｂ（SB 122）を第Ｉ期新として、石神遺跡と同じように南北棟の

●は検出した柱穴、○は推定の柱穴を示す。

図33　小田の大宰府政庁Ｉ期新建物配置復元図

周りを囲む「ロの字」形の建物配置を復元している。宮都で饗応機能に対応した空間配置を大宰府第Ⅰ期新に取り入れたものと評価している。

　課題は南北棟Bを東西棟Cへと接続する「ロの字」の外周建物に位置づけられるのかということである。Bは発掘現場での観察をもとにC・Dとは別時期に位置づけている。また、BとDでは柱筋が同じ方位を採用しているとはいいがたい。現段階では確実な同時併存の決め手に欠けるとみている。

　このように正殿下層の東西棟を主要殿舎とする見方と、四面廂の南北棟を中心的な建物としたがロの字形の建物配置となる見方がある。狭い調査範囲での解釈なので結論は出せないが、「ロの字」形説は宮都と大宰府、そして九州の初期官衙の建物配置を再考する広がりのある見解だが不確定である。

　第Ⅰ期新の政庁の実態は、対外機能の強化に伴う筑紫大宰への役割の付与を体現したものと考えられ、ここに律令制の大宰府成立の大きな画期を認めることができよう。建物を囲む柵や区画溝の存在から周辺とは独立した一郭を形成していたと考えられる。八木充は、681（天武10）年～690（持統4）年までは外国使節に対して飛鳥の宮廷が使者を筑紫に派遣し、当地での饗応を行う方式を採用していたことから、第Ⅰ期新を筑紫大宰が外客饗応の儀式を整備するなど、機能強化の段階にあると解釈している。

　第Ⅰ期新の建物群が、第Ⅱ期政庁域と同じ範囲を占地した前身施設という認識は同じである。儀礼空間を重視した配置が、第Ⅱ期政庁に踏襲されていると指摘でき、筑紫大宰から律令制大宰府へと機能拡充される姿を第Ⅰ期新から第Ⅱ期への政庁域の建物群の変遷に

みることができるのである。

⑸　大宰府第Ⅱ期政庁と平城宮の共通性

　第Ⅱ期政庁の原型は平城宮とされる。まず平城宮中央区大極殿院
は、南北330ｍ、東西193ｍの空間を築地回廊で囲み、磚積みの高
さ２ｍに及ぶ擁壁で南北に分け、北側の高い壇上には天皇が座し
た大極殿を配置し背後に後殿があり、南に広場が設けられていた。

　この中央区大極殿院の南側には掘立柱塀で囲まれた中央区朝堂院
が位置している。東西に２棟の朝堂が南北方向に並び、その間の広
場を朝廷と称している。平城宮中央区の朝堂院と大極殿院という宮

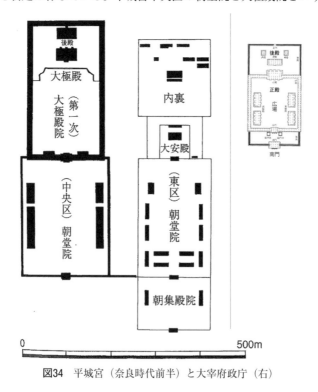

図34　平城宮（奈良時代前半）と大宰府政庁（右）

殿中枢をモデルにして、小規模に簡略化させたのが大宰府政庁第Ⅱ期の建物群なのである。そこには、来日する外国使節への饗宴という役割が強く意識されたからこそその空間演出が必要だったと考えてよい。

　ところで、まったく新しい規模でつくられた政庁Ⅱ期の庁舎群は、平城京遷都の710年にわずかに遅れる年代に造営されたと考えている。『続日本紀』慶雲3（706）年に出された「安穏条例」は、平城京建設のための労働力確保の施策であるが、同時に大宰府管内諸国にも年間19日の無償労役を提供させる「筑紫之役」が盛り込まれていた。平城京遷都と並行して大宰府の造営がセットで行われたことを示している。

(6)　府庁域

　大宰府には、長官である帥以下50人の定員を数える官人と、雑務や兵務に従事する人々を合わせると少なくとも千人以上が実際の運営に携わっていたとみられる。

　大宰府の機能を担う所司はどのようなもので、どこにあったのだろうか。これまでの大宰府の行政機構についての研究によれば、地方にありながら中央の八省と同規模で、九州を統括する機関として、政務の一部分は中央から独立した運営を行っていたとみられる。長官は三位という八省の長官より高位にあり、幹部職員である四等官の数も多く、一般職の官人も種類と数が豊富である。そのため、大宰府直属の所司も充実していたと思われ、平城宮と同じように、諸官衙が大宰府政庁の周辺に所在していたと想定されている。

　大宰府の所司は10・11世紀にかけて、政所、蕃客所、（左右）兵

馬所（司）、大帳所、公文所、警固所、修理器杖所、作紙所、貢物所、貢上染物所、蔵司、大野城司、薬司、防人司、主厨司、主船司、匠司の18の「所」・「司」および府学校が存在していたとされる。遡って奈良時代については、『続日本紀』天平17（745）年条に大宰府管内諸司印を12面支給すると記されている。大宰府直属の「諸司」が存在していたとみられるが官衙名は定かではない。

「司」に関しては、墨書土器や史料上で奈良時代に存在したことが確実で、表2に松川博一がまとめたように防人司・主神司・主船司・匠司・城司・府学校の6つの司がある。残る6つの司では、

表2　大宰府所司初出一覧表

	所司名	別　称	年　代	出　典
1	政所	政所【墨書土器】	8世紀	大宰府政庁周辺官衙跡不丁地区
2		府政所	998	『本朝世紀』長保元年（999）3月7日条
3	防人司	防司	718	養老考課令最条
4		防人司	757	『続日本紀』
5	主神司	神司	730	『万葉集』巻第5
6		主神司	807	『古語拾遺』
7	学校院	府学校	781	『類聚三代格』15、太政官符
8	主船司	（大宰）主船司	787-791	『令集解』営繕令有官船条令釈
9		城司【墨書土器】	8世紀	福岡市早良区次郎丸高石遺跡出土
10	城司	大城【墨書土器】	8世紀	大宰府政庁周辺官衙跡不丁地区
11		城司	876	『類聚三代格』18、太政官符
12	匠司	匠司【墨書土器】	8世紀	大宰府政庁周辺官衙跡不丁地区
13		匠司ヵ【墨書土器】	9世紀	大宰府条坊跡
14		匠司（仕丁）	927	『延喜式』巻23民部下　大宰仕丁
15	主厨司	厨司	862	『類聚三代格』14、太政官符
16		主厨司（領田）	1004	大宰府牒案（平安遺文2-435）
17	蔵司	蔵司（勾当）	871	『類聚三代格』8、太政官符
18	薬司	薬司（仕丁）	927	『延喜式』巻23民部下　大宰仕丁
19	税司	税司（納米）	989	東大寺文書、大宰府牒案（平安遺文2-335）
20	兵馬司	左兵馬司	1006	観世音寺牒案（平安遺文2-445）
21	左郭司	左郭司	1059	大宰府政所下文案（平安遺文3-932）

「長一人膳」と記した木簡や「膳」「厨」「人給」銘の墨書土器が出土していることから主厨司は存在したと思われる。また、土木・建築・木工等を担当した匠司とは別に、紫草関係の木簡出土から貢上染物所があったことは確実なので、作紙所などを管轄した蔵司も存在していたとみられる。蔵司は「蔵司」の小字名が残る丘陵がこれまでに比定されている。それ以外にも庸米を管理する税司や、大宰府官人の医師2人が所属する薬司も候補と考えられている。

　平城宮の中に役人が執務する官衙が配置されているように、大宰府でも政庁の周辺に集まっていたと考えられ、政庁を含めて府庁域と呼んでいる。

(7) 府庁域の発掘調査

　府庁域について、まずは政庁前面域の南北の区画溝と各地区の官衙の概要を説明したい。政庁前面域の官衙地区は、南北や東西方向の溝や柵などで区画されている。このうち南北溝は、南の御笠川への排水の役割も大きいことから幅広で底も深く、東西方向の区画溝に比べると確認しやすい。条坊制の認定は東西の条と南北の坊を区画する道路遺構が確認されることが根拠となる。政庁前面域でも東西・南北の溝が確認され、区画溝もしくは道路側溝と考えられる。確認できた溝遺構には、北側からの排水を兼ねた南北の大溝や小溝からなるが、明確な道路遺構は確認できていない。築地塀や門の遺構も含めた全体の実態解明は今後に譲るとして、ここでは南北溝を抽出して区割りの様相を紹介したい。前面域を東側から順に、南北溝①〜⑦の説明を行うことにする。なお、溝のうち西側に近接した溝は敷地拡張のための再掘削もしくは通路の両側側溝の可能性があ

るため枝番号を付した。各溝の間隔は道路側溝の可能性もあるので、距離は大尺換算（1尺0.355 m）であるが、ここではあくまでも概数であることを付け加えておく。

溝①（SD 4660）：日吉地区の西側で確認された南北の大溝で幅は約30 mと広い。政庁前広場と日吉官衙地区を区画する溝と位置づけられる。

溝②（SD 2340）：政庁前広場と不丁地区官衙とを区画する溝。これまでに約140 mの長さを確認している。幅5.5〜6 m、深さ約1.2〜1.6 m。他の遺構との重複関係や出土遺物から8世紀初頭に開削され、8世紀中ごろには廃棄され埋められたようである

溝③（SD 320）：不丁地区と大楠地区を区画する真南北の大溝。南北160 mを確認。幅は北側で13.5 m、南で16 mと出入りがある。溝の廃絶は11世紀前後と考えられる。

溝④−1（SD 2680）：大楠地区と広丸地区を区画する南北溝。南北78 mを確認。出入りがあり残存状況はよくないが溝幅は

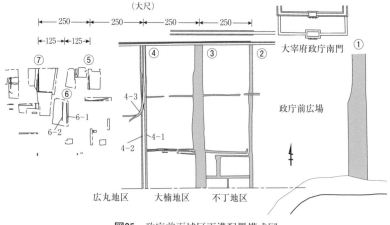

図35　政庁前面域区画溝配置模式図

3.8 m、深さ0.9 m。溝④－2と溝④－3は後の付け替えられた溝である。

溝⑤（SD 3939）：広丸地区を南北に走る溝。幅1 m、深さ0.3 m。8世紀代には存続。

溝⑥－1（SD 2785）：広丸地区を南北に走る溝。溝の幅は広いところで1 mほど、深さは0.1 mと浅い。8世紀前半から存続する。溝⑥－2は付け替えられた溝で9世紀代には存続していた。

溝⑦（SD 2840）：広丸地区の中央寄りで確認した南北溝。約36 mを検出しているが、南側一帯の調査では確認しておらず東西溝に接続していた区画溝と思われる。幅1 m、深さは0.2 mと浅い。

図35のように大宰府政庁Ⅱ期の段階で、政庁前面域の西側にあるそれぞれの南北溝の距離は②と③、③と④、④と⑤、⑤と⑦はおよそ250大尺（90 m）、さらには小溝が⑤と⑥、⑥と⑦で125大尺（45 m）での計画線が想定できる。これら南北溝をさらに南に延長すると、近年の条坊復元案の区画の250尺（90 m）との一致がみられる。政庁前広場の東西を限る南北溝の幅も①と②で500大尺の区画であると考えられる。ところが図37のように東を限る溝①は政庁の中軸線より82 m、西を限る溝②は102 mの距離がある。政庁中軸線とは左右非対称の区画からなる広場空間が出現していることになる。この政庁中軸線と両区画の中軸線は西に約6 mのズレが生じている。推定条坊区画の中軸線も政庁中軸線とは同様に約6 mのズレがある。つまり政庁前面域と条坊区画は同じ基準線での施工と考えられるが、なぜ大宰府政庁の中軸線が、政庁前広場の中心と合

致していないのか、施工時期の差を主な理由とするだけでは解決できないと思われる。

　考えられることは、政庁の造営と周辺官衙の造営、さらには都市部の条坊施工は軌を一にして実施されていないということであろう。建設段階では、必ずしもすべての基準線を合わせるということは考えていなかったと結論できる。もちろんそのズレは現代の平面図をもとに検討した場合であり、当時としては視覚的に認識できない誤差の範囲には収まっていたとみる方がよい。

⑻　政庁前面域の官衙
　検出した掘立柱建物は、柱穴掘方（ほりかた）の柱の埋土から出土した土器は

図36　政庁周辺官衙位置

上限の時期を示し、柱穴の柱痕跡埋土から出土した土器は下限の時期を示しているとして、さらに建物主軸方位の一致や建物配置などの検討によって同時期の建物群を拾い上げている。通常、柱穴出土の土器は少ない傾向にあり、同時併存の建物を確定する作業は難しい。

　政庁前面広場　まず政庁の前面域の様相であるが、南門の前面は東西に並ぶ南北溝によって区割りされて広場が設けられる（図37）。東は日吉官衙地区の西を区画する幅30ｍの南北大溝①、西は不丁地区官衙の東を区画する南北溝②、北は大宰府政庁南門の前面

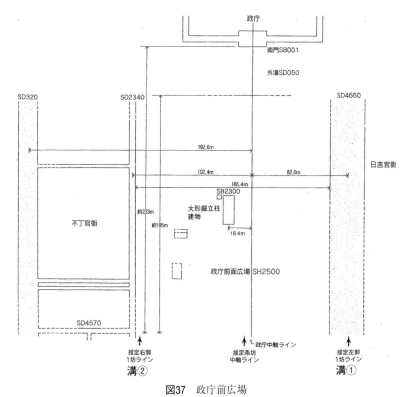

図37　政庁前広場

にある東西方向の濠まで、南限は御笠川の河川改修時に発見された
通称朱雀門礎石までと推定される。朱雀門礎石は出土位置が政庁南
門の中心から南に248 m、政庁中軸線からは西に4.6 mである。ほ
ぼ政庁中軸線上にあり礎石の規模が正殿や南門の礎石を上回ってい
ることから、大宰府政庁府庁域の正門として朱雀大路の起点と考え
られている。広場の東西幅は溝の芯々距離だと184.4 m、溝肩まで
は166 m、南北幅は南門前の濠の幅が不明なので、200 m前後が推
定される。

広場の大型建物　広場の内部では南北棟の四面廂大型掘立柱建物
が1棟だけ造営されている。前面域では最大級の規模を持つ格の高
い建物である。政庁中軸線より西に18.4 mずれている。朱雀門と
政庁南門の間という位置からすれば、役人らが政庁南門の扉が開く
まで待機する場所で、平城宮の朝集殿のような性格を有する建物を想
起させる。朝集殿は対の2棟で構成されている。広場建物の場合も
中軸線の対称位置に同規模の建物が存在した可能性があるが、推定
地は未調査である。

日吉地区　政庁前面広場の東に隣接した場所で、建物21棟を確認
している。Ⅱ期政庁の時期に合わせるようにして官衙建物が造営さ
れている。官衙建物は8世紀前半から9世紀後半ごろまでⅠ〜Ⅳ期
に区分でき、Ⅰ・Ⅱ期は図38のように四面廂の中核となる掘立柱建
物を中心に3棟がコ字形に並んでおり、典型的な官衙建物群の配置
をなしている。建物の身舎の梁間が3間以上の高品位の大型建物が
9棟確認されるなど際立って多い。Ⅲ期は総柱建物などが加わり性
格に変化がみられる。Ⅳ期は井戸を伴い、小さなピットによる小規
模の建物群で、Ⅲ期以降、10世紀になると官衙建物は造営されてい

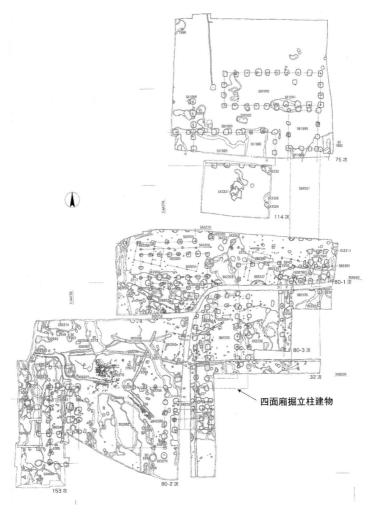

図38 日吉地区官衙遺構配置図

四面廂掘立柱建物

ない。小田和利は圏足円面硯などの定形硯が多く出土することを根拠に、文書事務を主体にした官司として「公文所」もしくは「大帳所」を想定している。

不丁地区　不丁地区は前面広場の西側にあり、2つの南北溝に区画された地域で63棟の建物が確認されている。掘立柱建物がほとんどだが礎石建物も1棟含まれ、前面域では唯一の確実な礎石建物である。堀立柱建物の内訳は四面廂建物1棟や両面廂建物1棟、片面廂建物7棟、総柱建物2棟、残りの51棟は側柱建物である。これら廂付建物は中心的な建物とみることができる。地区内での建物群の配置は北・中央・南の3つのブロックに区分できる。

建物群はI〜V期の変遷を考えられる。I期は政庁I期の段階ですでに官衙建物が確認され、萌芽的な官衙が存在していたとみなすことができる。政庁II期以降は柱筋や棟通りを揃えた計画的な配置

図39　不丁地区調査地と大宰府政庁跡

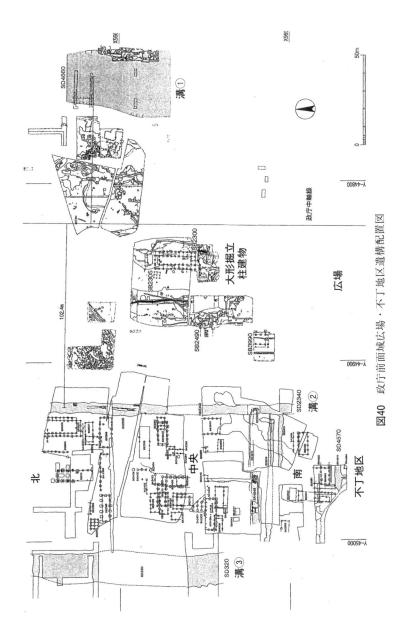

図40 政庁前面域広場・不丁地区遺構配置図

となり、L字形やコ字形に配置される傾向が強い。8世紀後半になると3つのブロックが東西方向の柵と築地塀で明確に分かれる。

溝②からは九州各地の地名とともに紫草などの物品を記した木簡が多数出土している。紫草は染料に用いられることから、ここを「貢上染物所」に比定している。高倉洋彰は、蔵司地区の南に接した位置関係から、8世紀後半以降の3つのブロックについて北を「税司」・中央を「貢上染物所」・南を「貢上所」に想定している（図40）。

大楠地区　大楠地区は不丁地区と南北の大溝で区画された西側の地区。64棟の建物を確認しており、その数は不丁地区と比べても遜色ない数である。四面廂建物1棟、二面廂建物5棟、片面廂建物4棟、総柱建物10棟、側柱建物44棟を確認している。建物身舎の梁間が3間の大型建物も3棟配置されている。官衙建物の造営は8世紀中頃から開始され、L字型配置の建物群が現れ、続いて8間×2間に二面廂のある大型建物が造営されている。日吉地区、不丁地区と比べて井戸が27基と多い。

広丸地区　大楠地区の西側に位置する広丸地区では掘立柱建物30棟、柵23列などを確認している。地区の北寄りを東西に区画した溝の北側に規模の大きな建物群が展開し、南側は小規模な建物がわずかに発見されただけで空閑地の可能性もある。8世紀中頃に建物造営が本格化し、四面廂建物や桁行8間以上の建物が造営されている。規模の大きな建物は10世紀前後まで造営されている。建物以外に南北の溝が確認されている。

大楠地区と広丸地区は後述するように、これまで官人居住域と位置づけてきたが、官衙域を想定する考え方も提案されている。

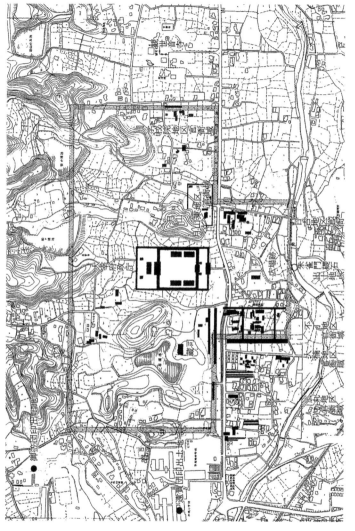

図41 大宰府周辺の遺構配置模式図

前面域は官庁街の様相を呈し、不丁地区以西の区画溝も9世紀以降には西側に拡張されるなど、全体に官衙域が拡大する傾向を見せる。また、多くの官衙域で同一場所での建て替えがなされ、4～6期の小時期の変遷を追うことができる。政庁Ⅲ期の契機となった941（天慶4）年の藤原純友の乱による政庁焼討以後は、もう官衙とみられる建物は確認できない。10世紀前半ごろまでにはその多くが廃絶されたとみるのが妥当のようだ。

　前面域での官衙と居宅の区別　課題の1つは官衙と居宅の区別である。ある程度の傾向として、礎石柱式で瓦葺きのような高品質の建物は官衙に多いといえる。邸宅の場合は、伝統的な建物様式を取り入れて掘立柱式で屋根は檜皮葺か板葺きが主流である。

　西側の大楠地区と広丸地区については、これまで居住域という見

図42　政庁前面域イラスト

方をしてきた。たとえば大楠地区では30棟の掘立柱建物を確認し、その多くに井戸を伴っていた。これは不丁地区ではみられないことである。また、掘立柱建物の規模が小さく柱筋の通りが不揃いなケースが多い。柱穴の堀方も小さく埋土もきれいな用土ではない。さらに、煮炊き用の甕などが多いといった理由で官人の居住域という性格を考えてきたのである。

　近年、陶硯の出土数が多いことから両地区も官衙とみるべきという再評価がなされている。大楠地区での建物変遷では、8世紀後半から9世紀前半にかけて規模の大きな建物が存続し、井戸の増加は9世紀後半以降である。つまり8世紀から11世紀まで一貫して居宅ということではなく、官衙として利用された時期もあった可能性は否定できない。

⑼　大宰府政庁の東西地域と北側後背地区の官衙

　大宰府政庁の北側の背後には四王寺山から派生した丘陵や台地がせまり、政庁の東に月山丘陵、西に蔵司丘陵がのびている。この政庁の周辺は平坦な前面域と異なり起伏に富み地形に制約はされているが、丘陵や台地を整地して官衙建物が造営されている。

　蔵司地区（くらつかさ）　大宰府政庁跡の西側にある南北に伸びる丘陵は「蔵司」という小字で呼ばれている。江戸時代より丘陵に多数の礎石が存在することは知られていた。昭和に入っても大規模な礎石建物跡が丘陵南部の平坦地にあることは明らかになっていた。そのため大宰府の所司の1つである「蔵司」をこの丘陵上に想定されることになった。

　中央の大蔵省は諸国からの調庸物を収納管理し、さらには役人へ

の年2回の季禄、つまり今でいうボーナスとなる現物を支給する役割があった。大宰府の蔵司も大蔵省と同じ役割があったとみられ、九州各国から送られてきた調庸物を検収し、不良な場合には責任者である現職の国司を解任する権限も有していた。

　また外国使節の入朝に伴う外交儀礼では、国書の進呈と献上品の贈呈などがなされるが、使節が筑紫に長期間滞在する際にそれらを暫定的に預かる重要な役所でもあったとみられる。蔵司はそのためにふさわしい建物の規模とステータスを有していたと考えられる。

　2009年からこの蔵司の丘陵で本格的な発掘調査に着手し、丘陵の南半部で建物跡を数多く確認した。これまでに礎石建物7棟と掘立柱建物4棟が確認している。掘立柱建物は礎石建物に先行するので、掘立柱建物の段階を蔵司Ⅰ期、礎石建物の段階を蔵司Ⅱ期とし

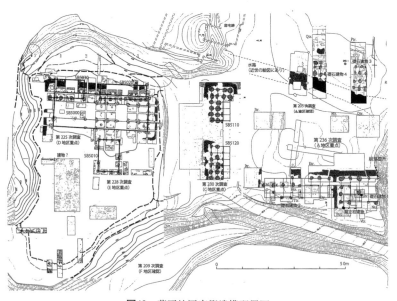

図43　蔵司地区官衙遺構配置図

て説明したい。

　Ⅰ期は図44のように一段高い平坦地に3棟の堀立柱建物が柱筋をそろえて計画的に配置されていることがわかる。それぞれの建物は異なる規模と構造である。東側に離れた掘立柱建物1は高床式倉庫とみられる。

　Ⅱ期にはⅠ期の3棟の建物群から9×3間の二面廂の大型礎石建物に建て替えられる。桁行柱間は4.1ｍと長く、政庁正殿をしのぐ床面積で、礎石には柱座も作り出すなど、官衙域では突出して格の高い建物である。なお、江戸時代の礎石分布図を見ると、この南側に南北6間の礎石建物が存在した可能性が考えられる。残念ながら造成が著しく建物の痕跡すら明らかにはできなかった。東側の地区には規模は異なるが2棟ずつ北と西に高床式倉庫を配置する。南にも規模構造を異にする2棟が東西方向に配置される。これらの建物は、棟方位と柱筋を揃えるなど一体的な配置がなされている。中央には空閑地があり建物に囲まれた広場だったと考えられる。

　掘立柱建物からなる蔵司Ⅰ期は柱穴出土の土器から7世紀末〜8世紀初頭を中心とする時期で、再整備された瓦葺き礎石式建物の蔵司Ⅱ期は、出土瓦から8世紀代から10世紀代まで存続したとみられる。

　ところで平安京では、朝廷の倉庫を管轄した大蔵省には政務を主に司る大蔵庁と、倉庫群を主体とした正蔵院が設けられていた。正蔵院には区画された一院の中に整然と配置された倉庫群と、その中央の中庭や大庭と呼ばれる広場があった。Ⅱ期の建物配置について大蔵省の施設を参考にすれば、西側が大蔵庁に通じる政務や儀礼空間として機能し、東側の地区が倉庫と広場からなり、正蔵院を彷彿

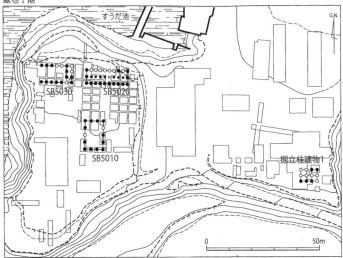

蔵司Ⅰ期

すうだ池

G.N.

SB5050　SB5020

SB5010

掘立柱建物1

0　　　　　　　50m

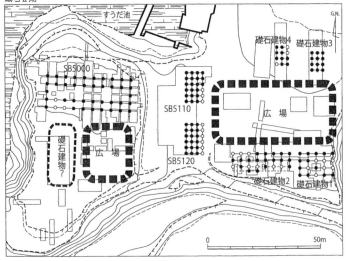

蔵司Ⅱ期

すうだ池

G.N.

礎石建物4　礎石建物3

SB5000

SB5110

広　場

礎石建物?

広　場

SB5120

礎石建物2　礎石建物1

0　　　　　　　50m

図44　蔵司地区Ⅰ・Ⅱ期期建物配置

とさせる収納空間と作業空間だったと考えられる。蔵司Ⅰ期も同様
の機能があったとみられ、まさしく大宰府の蔵司だった可能性が考
えられる。蔵司丘陵西側の谷からは、かつて大宰府跡の調査で初め
て木簡が出土した。その木簡は「久須評（現在の大分県玖珠郡）大
伴部」と記され、形状から物品の荷札木簡とみられるものである。
遺構の年代から７世紀末頃に税物を収納・管理した施設から廃棄さ
れたことを示しており、蔵司の存在を証明するものである。

　また、蔵司の発掘調査では西側平坦地から武器武具の鉄製品が多
数出土している。これら武器武具の様相については大宰府の軍事機
能の項で後述したい。いずれにせよ政庁よりも一段高い場所に立ち
並んだ大型建物と倉庫群は、政庁の建物とともに、見る者にその威
容を強烈に植え付けたに違いない。

　学校院地区　政庁跡の東に伸びる月山丘陵から、観世音寺との間
の東側一帯は小字を「学業」と称している。鏡山猛はこの地域の方
２町の範囲を、大宰府に付設された学校院に比定していた。史料で
は太宰府に３人の博士が配置され、８世紀末頃に管内６国の学生・
医生・算生200余人が在籍していたと記されており、盛況を呈して
いたようである。

　この地域ではこれまでの調査で観世音寺との境界にあたる東辺部
で、南北溝と築地遺構を確認し、建物掘立柱建物７棟も見つかって
いる。また、中央部からも東西棟の二面廂建物を２棟確認してい
る。８世紀後半ごろの造営で、位置関係や大型建物の規模からみ
て、おそらくこの地域の中心的な位置を占めた建物と推定される。
さらに、建物の柱穴の底面に柱沈下防止のために文様塼を敷いてい
た。現段階では「学校院」とする積極的な根拠に乏しく、他の官衙

地区同様に府庁域に含める意見が最も有力である。

　月山東地区　政府に接した月山丘陵の東裾部にある平坦地の一画を月山東地区と呼ぶ。東西112ｍ、南北70ｍの長方形に囲んだ柵で一郭が構成されている。内部の調査は南半分ほどの限られた面積だが、9棟の掘立柱建物を確認している。Ⅱ期政庁が始まる8世紀前半に2面廂建物を中心に6棟が造営される。11世紀まで4時期の変遷を確認している。特徴は外郭線の南面が政庁南門前の東西大路に門を開くように位置し、外郭線は完結した一院とならず月山丘陵の一角を取り込むように丘陵を意識した区画施設となっていることである。

　小田和利は隣接する月山丘陵に鼓楼と漏剋があったとの伝承から「陰陽司」を比定し、高倉洋彰は政庁と並列することから「政所」を想定している。筆者はここを大宰府の長官である帥の官舎とも考えており、詳しく後述したい。

　政庁後背地区　政庁跡の西北側には政庁跡を一望できる舌状の平坦な低台地がある（図46）。その低台地の西側に蔵司丘陵へと続く

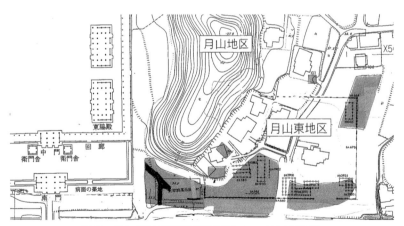

図45　月山東地区官衙遺構配置図（アミは調査拠点）

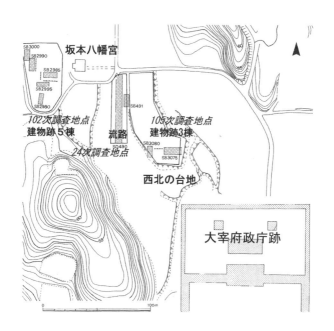

図46　政庁後背地遺構配置図（上）と上空北側より（下）

緩斜面がある。ここに坂本八幡宮が鎮座している。この八幡宮の西側一帯の102次調査地点で7世紀後半から9世紀前半までの建掘立柱物5棟と溝などを確認した。棟数は少ないがL字型配置を採るなど官衙的な様相が認められた。特徴的な出土遺物として裸馬を模した土馬やミニチュアカマドがある。また、8世紀後半の土器を大量廃棄した土壙も確認された。東側の105次調査地点でも掘立柱建物3棟を確認し、うち2棟はL字型配置をなす。両者の間には流路があり別区画の官衙群と考えられる。102次調査地点では、祭祀遺物が出土しており祭祀がなされた場所であることは間違いないが、8世紀後半の土器廃棄は宴席の場としての利用も考えられる。

来木地区　政庁の西側にある蔵司丘陵の西には谷があり、さらにその西側には小丘陵が小さな谷を取り込んで南北に立地する。小字

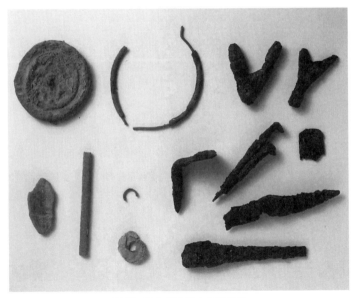

図47　来木地区出土金属製品

名は蔵司だが蔵司地区と区別して来木地区と呼んでいる。来木地区の主に丘陵緩斜面と丘陵から一段下がった平坦地から10数棟の建物群を確認している。建物の重複が少なく官衙的な計画的配置ともいいがたい。建物以外に7世紀末から8世紀の金属生産に関わる炉跡や竪穴状遺構がある。製品では海獣葡萄鏡などの青銅製品や釘・刀子・鎌・鉄鏃などの鉄製品があり、ルツボやトリベ、鞴羽口、炉壁さらには鋳型等が大量に出土している（図47）。こうした遺物や遺構から工房が置かれていたとみられ、「匠司」や「修理器仗所」を想定している。

　これまでの調査をまとめて表3に政庁跡周辺の地区別の名称と建物の消長を示している。

⑽　府庁域の想定

　大宰府の府庁域は鏡山猛が大宰府条坊制の復元案を提案した際に、図48のような方四町が想定された。鏡山の方1町（約109m）を条坊の単位として府庁域を4町とする案は、発掘調査が開始された当初から、範囲が狭すぎ、かつ区画と現地の状況が合致しないと考えられていた。中軸線から西側に2町のライン上にはすでに蔵司地区の礎石建物が存在していたからである。

　石松好雄は、発掘調査が進んだ段階でその成果を基にした復元案を提案している。府庁域の範囲を確定する調査は、まず学校院跡と東側の観世音寺の境界が最初である。その結果、南北の築地状遺構が確認されたことから、石松はこれを府庁域の東限としている。この東限の位置は政庁中軸線から4町（870m）で、これを反転すると西側は学業院中学校の東側で一段低くなったあたりとなる。南北

表3　大宰府政庁周辺官衙消長表

| 年代 | 政庁 | 政庁周辺官衙・関連施設 | | | | | | | | | | | 軍事施設 | |
		前面広場	日吉	不丁	大楠	広丸	月山東	蔵司前面	蔵司丘陵	来木	後背	学校院	大野城	水城
600		集落							集落古墳?	集落古墳				
663 白村江	I期古掘立	自然流路		Ia期流路				I期工房	I期	I期工房	I期萌芽?		城門 I期掘立	西門 I期掘立
	I期新掘立		萌芽?	Ib期工房	Ia期萌芽?		萌芽?							
700		自然流路		IIa期整備	b期整備	I期整備	I期整備	II-1期築地	I期礎石	II期工房	II期		II期礎石	II期礎石
		朝集殿 SB2300	I期開始	b期	c期90m区画					III期工房				
800	II期 朝堂院配置礎石瓦葺		II期充実	IIIa期90m区画	d期低迷?		II期			IV期?	III期	建物群	III期礎石	III期礎石
				b期		IIa期								
			III期展開終焉	c期	IIa期			II-2期			?			
900					IVa期衰退	b期	III期							
					b期終焉	c期								
941 純友焼討			V期宅地	IIIa期宅地化	IIIa期宅地	IV期宅地?		V期瓦窯						
1000	III期 朝堂院配置礎石瓦葺				b期	b期		III期畑地墓域?						
			VI期粘土採掘	c期木棺墓土壙墓出現			III期工房?							
1100		粘土採掘	宅地化											
1200			粘土採掘											

※正式・概要報告書から作成したもので、今後加筆修正する必要がある。

は鏡山と同じ4町とされた。さらに、前面域では図35に示した溝③を境に西の大楠地区を官人居住域と位置づけ、府庁域の西限をこの溝③とした。そして、政庁中軸線から同じ距離を折り返した場所が日吉地区官衙の東側である。ここには観世音寺の裏手から月山丘陵の東を抜けてさらに御笠川へと南に走る道路があり、東側は6mほど急激に段落ちしていた。そこで政庁前面部については、日吉官衙地区東側の段落ちと不丁地区の西限となる溝③に挟まれた範囲を張り出し部とした。こうして蔵司や学校院を含んだ図41・49のような、県道以北は東西8町（約870m）、南北4町（約430m）、県道以南は3.5町（約380m）の張り出し部のある逆凸形の府庁域がみ

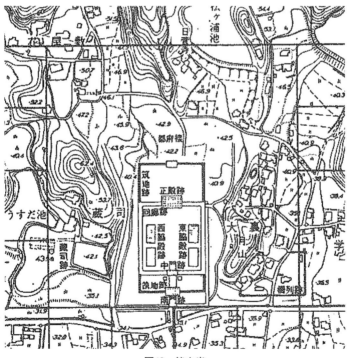

図48　鏡山案

えてきたのである。

　近年、大宰府の南に広がる都市域の条坊復元案で採用されている90ｍ方格案をもとに、学校院地区を官衙域に含めない図49に示した南北7町、東西6町の縦長長方形プランが小田富士雄によって出されている。

　それぞれの府庁プランの案は、大宰府条坊制とセットとなったマスタープランのもとで政庁・官衙域・条坊が同時期に造営されていることが前提となっている。しかし、政庁周辺は谷筋や丘陵地が造成されずにそのままの姿で残されており、条坊区画の施工がどのようになされていたのかまだよくわかっていない。条坊施工時期も含めて今後に残された課題である。

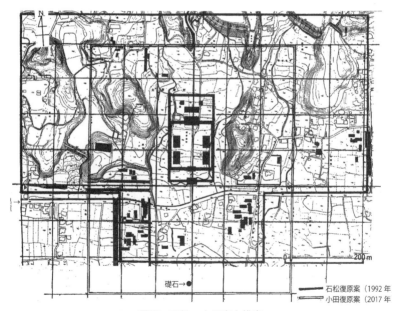

礎石→●

━━━ 石松復原案（1992年
┏━┓ 小田復原案（2017年

図49　石松・小田富士雄案

コラム：大宰帥大伴旅人の家系と資質

　大伴旅人は728（神亀5）年に妻と子の家持を伴って大宰府帥として大宰府に赴任した。63歳と高齢での九州行きである。京の中央政界では藤原四兄弟が権世を振るい、長屋王排斥のために長屋王と親しかった旅人が遠ざけられたとみられている。一方で九州地域の安定のために旅人の軍事的手腕が買われたとする見方もある。それは大伴氏の家系がヤマト王権の軍事を担ってきた名門の豪族だからである。527年の「筑紫君磐井の乱」では物部麁鹿火とともに大伴金村がその討伐にあたった。乱の平定後には物部氏と大伴氏を中心に中央豪族が九州の中小豪族を統率下に再編して、大伴氏配下の部民を設置して、間接的に人的な支配を確立した。その子の大伴咋と狭手彦は筑紫で国政を執り、さらに朝鮮半島に派兵したとされる。

　旅人も「征隼人持節大将軍」を経験し、父安麻呂も大納言のまま大宰帥を兼任していた。このように軍事氏族で渡海経験も豊富な家柄であることと、九州北部での地域支配の実績を含めて旅人が大宰帥に評価されたことは当然であろう。

　ところで、大宰帥に期待される役割に、来日した唐や新羅・渤海の外交使節団を慰撫する宴がある。酒宴だけでなく、使節の送迎に際しては詩宴で詩賦を作ることが求められる。この詩宴で詠まれる漢詩は漢字文化圏を象徴するものなので、各国の教養として受容され使節団も漢詩に通じている。そのため詩宴は、日本の文化水準の高さを海外に示す舞台ということになる。現存最古の漢詩集『懐風藻』には、旅人の漢詩も収められている。旅人の漢詩文への深い素養とインテリジェンスの高さも大宰帥に必要な条件だったということができる。現在の元号「令和」の典拠となった万葉集の『梅花の宴』は、旅人が大宰府で催した宴である。王羲之が催した曲水の宴とその様子を記した『蘭亭集の序』に倣っ

たものとみられ、中国の漢詩文化に精通していたことがわかるのである。

(11) 大宰帥の公邸

　大宰府の長官として赴任してきた大伴旅人帥の公邸はどこにあったのか。古代の史料のみならず近世・近代の地誌類でも言及は皆無である。唯一の手がかりといえるものは、万葉集に収められた梅花の歌である。歌には「吾が岡の」あるいは「岡傍には」の語句が登場する。リアリティのある情景を歌い込んだという前提にたてば、丘もしくはその傍らに公邸が構えられていたということになろう。

　「令和」の元号は、『万葉集』に梅花の歌が詠まれた「梅花の宴」に由来する。その梅花の宴は、大伴旅人邸で新年に催され、九州管内の役人が招かれたという。この新元号が発表されて以降、多くの

図50　大宰府政庁跡の周辺地形と坂本八幡宮

観光客が大宰府政庁跡近くの坂本八幡宮に押し寄せてきた。大伴旅人邸は大宰府政庁跡に近い坂本八幡宮だという報道が盛んになされたからである。

　坂本八幡宮は太宰府市の坂本地区の住民が支えてきた氏神神社である。なぜそこが比定地になったのか。じつは1952年に九州帝国大学教授の竹岡勝也によって、政庁跡西北の台地は「内裏」の地名が残り、現地には円孔を穿った礎石が存在したことから、ここを旅人邸とする説が出された。その後太宰府観光のパンフレットや太宰府の万葉集に関する書籍などで坂本八幡宮の写真が用いられるようになったのである。つまり神社の由来や伝承から導かれたものではなく、道を挟んだ台地を説明するランドマークとして使われているうちに、神社が旅人邸とする説が定着したとみられる。

　考古学的に公邸を探る　では旅人が梅花の宴を開いた公邸はどこにあるのだろうか。大伴旅人が都から赴任したのは、727年（神亀4）である。大宰府造営のための動員政策である「筑紫之役」が終了したのが718（養老2）年なので、720年前後に大宰府政庁は完成したと考えられる。まさに、政庁とともに官舎も整備されて間もない時期に赴任してきたことになる。

　まず、公邸の面積を想定したい。宮都では身分区分による基準に則って宅地が与えられた。平城京の場合、三位以上は4町（広さの単位で約110ｍ四方）、五位以上は1町と推測されている。そして、副都では三位以上は1町以下、五位以上は半町以下とかなり縮小した宅地面積の班給基準がつくられている。平城京の邸宅は恒久的な自宅であり、副都の難波京は臨時的な赴任用の公邸が用意されていた。大宰府の帥の邸宅も難波京の宅地面積の基準を当てはめる方が

妥当と思われる。師の宅地面積は、難波京で三位に与えられた1町
以下半町以上に該当すると考えられる。

　次に帥公邸の場所選定を考える。平城京での宅地の区画や建物配
置、付属施設のあり方を参考に考えてみたい。官人は位階により与
えられる敷地面積が決まているので、貴族に限らず昇格や降格で
引っ越しするケースがある。近江俊秀の分析によれば、有力貴族の
大規模邸宅は、遷都当初、平城宮周辺の限られた範囲に限定され、
その後しだいに拡大する傾向にあるという。事実、五位以上の貴族
はおよそ五条大路以北で、左京側（東側）に宅地を構えていたこと
がわかっている。位階が低いほど京の南側に居住しており、庶民と

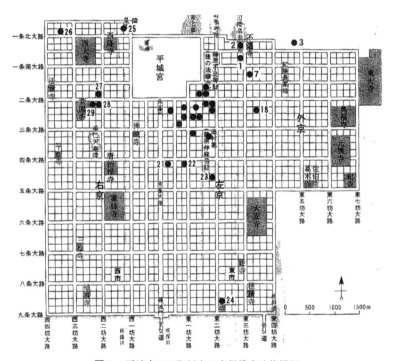

図51　平城京の1町以上の大規模宅地位置図

なると南端に居住していたと考えられている。遷都当時、最も権勢を誇った右大臣藤原不比等の邸宅は、宮の張り出し部である東院（当初は東宮）に隣接していた。奈良時代中頃に権力を握った藤原仲麻呂の屋敷、そして長屋王邸も内裏近くの左京側に居住していたことが明らかになっている。以上、平城京の例では大宰帥クラスの三位にある有力貴族の邸宅は、遷都当初は宮に近い左京（東側）に位置する例が多いのである（図51）。

　では、帥と同じように地方に赴任した国司の場合はどうかといえば、下野国府の国司館は、東西40ｍ、南北約100ｍの掘立柱塀で囲まれている。筑後国府の館の場合もこれに近く、東西80ｍ、南北約110ｍの変形した敷地を築地塀で囲んでいる。国司館は半町～１町（110ｍ四方）の院を構成し、付属棟など複数の建物で構成される例が多いようである。国司の面積を勘案しても、帥の公に与えられた面積は１町～半町というところが適当といえる。

　帥の公邸の所在に関して、これまでの大宰府の調査成果を参考に考えてみたい。まず、竹岡勝也が指摘した坂本八幡宮の周辺は、これまでに４回の発掘調査を実施している（図46）。その結果、東側の平坦な台地にあった円孔のある門礎石は地表の耕作土の上に据え置かれており、後世に他所より移されたものであることがわかった。

　平城京の事例を参考に、大宰府政庁の儀礼空間が平城宮内裏にあたるとすれば、月山東地区官衙が有力と考えられる。大宰府政庁の東には図45に示したように月山丘陵があり、これを挟んだ東側に月山東地区官衙がある。調査の結果、東西110ｍ（１町）、南北70ｍの規模で柵列が巡っている。東側には平坦地があるにもかかわら

ず、あえて月山丘陵を取り込んでいるのが特徴的である。面積はお よそ2/3町であり、三位の班給面積である半町から1町に合致し ている。

南側の東西に延びる柵列は、一部で17mほど途切れていること が明らかとなっている。確実な門遺構は検出できなかったが、出入 り口が想定できる。ここは政庁南門前から東西に延びる道路に面し ている。復元条坊では五条大路にあたる。これも、平城京の有力者 の邸宅が道路に南面して門を構えているあり方に合致している。

内部の建物については、9棟の掘立柱建物を検出している。格式 の高い二面廂の南北建物や、高床総柱建物もあるが、敷地内の未発 掘部分が多く、全体の建物などの空間配置は不明である。ただし、 敷地内が掘立柱塀によっていくつかの空間に仕切られていることは 確実である。公邸とみた場合、敷地内は接客空間、居住空間、儀式 空間、付属施設などによって東西方向に構成されている可能性も考 えられる。当該地の敷地が東西に長く、出入り口が東寄りにある点 もそうした配置を予想させるものである。

これまでの調査で官衙域である不丁地区や日吉地区の掘立柱建物 に比べると、建物規模が小規模で、柱掘方も不整形である。また、 出土遺物には土器陶磁器のほかに、硯や瓦類がある。蓮華文の文様 塼の完形品も出土している。瓦はあるが残念ながら瓦葺きとなる礎 石建物は検出していない。建物の時期であるが掘立柱建物と柵列の 柱穴からは8世紀前半の土器が出土している。その創設時期は柵列 と建物の方位が政庁に合致していることから、8世紀前半に創設さ れた可能性は高い。こうしたことから、帥の公邸の有力候補地とみ てよいのではないかと考える。

————————————————————

これまでの発掘調査の成果から、帥の公邸についての想定案を提示したが、今後の調査の進展によりさらなる研究の深化が図られていくことを期待したい。

⑿　大宰府の条坊制と都市景観

　古代大宰府の都市について語るとき、必ず引用されるのが『続日本紀』神護景雲3（769）年の「この府は人物殷繁にして、天下の一都会なり」の記述である。大宰府官人自らが、平城京に次ぐ都市と誇るこの言葉は、どの程度の実態を反映したものだったのだろうか。

　奈良の都の平城京では、京域の北辺中央に平城宮を置いて中央を走る朱雀大路によって左京・右京に分け、さらに碁盤の目のような整然とした区画が設定されていた。昭和40年代には、大宰府も同じように北辺中央に政庁を中心とした府庁域が置かれ、都と同様の都市計画が施行されていたと考えられていた。宮都にみられる条坊が古代の大宰府にも存在したことは、『観世音寺文書』などの土地論争史料に条坊呼称や左右郭司の記載があることから、以前より知られていた。鏡山猛は、大宰府政庁跡と観世音寺に残された礎石の位置とその中軸線を基準に、古代の条里制の痕跡を照らし合わせた結果、方一町（109 m）を単位とした条坊制を推定した。さらに史料記載の条坊最大数を根拠に南北二二条、東西左右郭それぞれ一二坊の大宰府条坊案を1968（昭和43）年に示した（図52）。

　この大宰府条坊案に対して、岸俊男は、都城の京職のように都市の環境や秩序、土木設備の維持を所管する事項が大宰府の職掌にないこと、さらには、都城の条坊制地割りが方一町の単位とは異なっ

ていることなどから、大宰府には都城としての条坊制はなかったと
する見解を示した。

　1980年代以降になると、徐々に条坊跡の発掘調査が蓄積され、狭
川真一をはじめ多くの研究者によって新しい条坊復元案が検討され
るようになった。想定復元の時代から具体的な遺構による検討の時
代に入ったのである。発掘調査における条坊制の区画の痕跡は、主
に東西あるいは南北の溝によって確認できる。直線的な人工の溝は
区画溝や道路側溝の可能性が高いからである。交差点は溝がT字
状に接続することでそれだとわかる。また、残りがよければ、溝に
沿って砂が薄く帯状に堆積した道路の路床も発見されることがあ

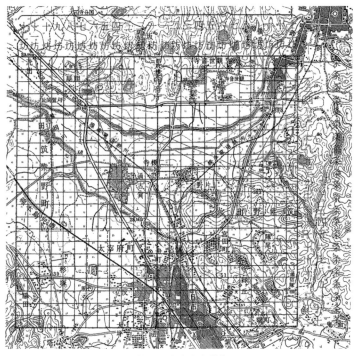

図52　鏡山の大宰府条坊復元図

る。注意が必要なのは、蛇行溝や連続土坑も直線的な溝が経年変化した姿という可能性があることだ。さまざまな検討を経て確実に区画溝と認定できたら、国土座標を用いて政庁中軸線や各溝間の距離を算出し、また、溝の座標値を条坊方位に合わせて変換して条坊区画としての整合性を考察するのである。

　これまでに一区画が東西84ｍ、南北111ｍの長方形区画案をはじめいくつかの復元案が示されてきた。近年は井上信正により図53の条坊復元案が提示され、発掘調査の成果とよく合っていて有力視されている。その内容は次の通り。

- 一区画は90ｍ（250大尺）で、大尺設計の条坊プラン。
- 条坊区画と政庁・朱雀大路、観世音寺の中軸線とは合致しない。
- 右郭条坊域は左郭の一二坊より四坊少ない右郭八坊の非対称プラン。
- 条坊区画は道路を基準に分割（大路に面した宅地面積は八段）。
- 条坊施工は政庁Ⅰ期新段階（七世紀末頃）にさかのぼる可能性がある。

　条坊施工の時期が政庁Ⅰ期までさかのぼる可能性に言及した新しい見解は、いくつかの溝の時期が7世紀末の可能性があることと、689（持統3）年「於筑紫、給送位記。且監新城。」に見える筑紫の「新城」も、この筑紫大宰府の条坊施工を意識したものとの推測からである。大宰府条坊の区画の250大尺を3倍すると、藤原京の区画である750大尺と合致し、同時期の強い類似性を示しているともいえる。

また、条坊計画線が政庁Ⅱ期の朱雀大路などの中軸線と一致しないのは、政庁Ⅰ期に条坊制が施工されたからだとみる。政庁前面域の右郭にある南北溝は500尺と250大尺での計画だったことを前述したが、政庁前広場の幅も500尺と、条坊復元案の250尺との一致がみられる。そして政庁前広場の中軸線も政庁中軸線とは西に約6mのズレが生じ、左右非対称の広場空間が出現しているのは事実である（図37）。このように政庁前面域の区画の様相と井上復元案は一

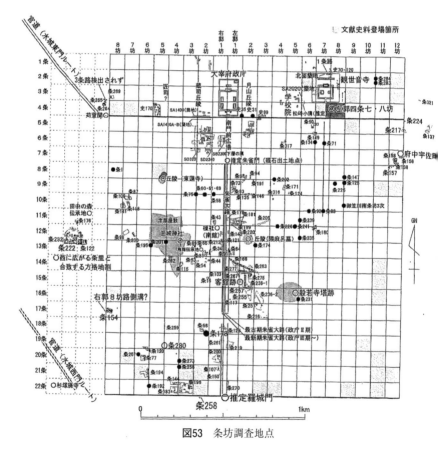

図53　条坊調査地点

致していると考えてよい。

　さて、大宰府では、都城の規模は小さくとも平城京と同様の都城景観が構想されていたのだろうか。その答えは、大宰府の外交機能を考えると明らかであろう。7世紀の筑紫大宰に比較して律令制大宰府は徐々にその役割が制限される傾向にあるのは確かだが、来日する各国の使節の入京が許可されなかった場合にそなえて、この大宰で饗宴のみならず日本の外交を代弁することも想定され、そのためには来日使節団に古代都市としての威儀を示す景観が必要だったのではないだろうか。だからこそ、東アジア外交を見据えて平城宮都と並行しながら大宰府は造営されたのである。

　施工時期について、政庁I期新段階に「新城」として藤原京を手本にした条坊区画が実施設計されたとの見通しがなされているが、政庁前面官衙域を区画する南北溝は、八世紀初頭に開削されたとみている。そのため政庁II期の段階で平城京遷都に合わせて、外交を意識した条坊制都城が出現したと考えることもできる。条坊施工の開始時期はもう少し見極めが必要と思われる。

　ところで、条坊復元研究の評価は難しい面がある。条坊遺構の認定と、その座標データから導き出された結果を、他の研究者が検証することはほぼ不可能といえる。なぜなら数値の姿で示されている測量データを解析する作業が必要だからである。これまでに検出された数多くの溝状遺構の中から条坊遺構と認定され、その位置情報から導き出された条坊復元の仮説が、合理的に説明できるのであれば、それを通説として紹介することになる。すでにその実体を失って地下に埋もれた遺構から、都市遺構の片鱗を選び出し、都市の姿を再現するのは簡単ではないのである。

図54　推定客館跡主要遺構図

大宰府条坊内の客館　近年、攻庁跡から1kmほど南の朱雀大路に隣接した地点（西鉄二日市駅付近）で大型建物跡2棟が発見され、外国使節を受け入れた「客館」とみられている。

奈良時代前半は政庁周辺と朱雀大路沿いに居宅的な大型建物のエリアも形成されている。8世紀後半から平安時代になると、建物は広範囲に広がるが、それでも朱雀大路沿いの卓越性は変わらない。

都市整備は朱雀大路や政庁周辺に注がれ、対外交渉の窓口としての視覚的効果を優先したということであろう。大宰府には諸官衙に通う役人とそれに付随する住人、さらには各地から徴用された役夫や商人などを合わせると千人単位での居住者を想定することができるという。彼らは外国使節の往来を目にしながら、大宰府の国際性

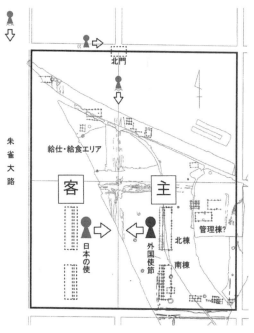

図55　推定客館跡主要建物想定図

を実感したのではないだろうか。

大宰府の外郭線　羅城とは中国由来の都市を囲んだ防御のための高い城壁のことである。2015（平成27）年に筑紫野市前畑遺跡で確認された「土塁状遺構」は、大宰府の羅城の一部ではないかとして大宰府研究に大きな一石を投じた。大宰府羅城への言及は鏡山が嚆矢で、扶余の都城を念頭に大宰府を囲む一連の防御施設を大宰府羅城と位置づけている。その後、阿部義平は水城、小水城、大野城、基肄城、関屋・とうれぎ土塁という一連の防御施設を繋ぐ自然地形に何らかの人工的な防塁を想定し、大宰府羅城を復元している。前畑遺跡の土塁状遺構がこの阿部羅城説に近接した位置にあることから、大宰府にも全長40 kmを超える巨大な羅城が存在した可能性があらためて議論されるようになった。

　大宰府の場合には、2つの時期の外郭線を想定する必要がある。7世紀後半段階の大野城・基肄城・水城をつなぐ外郭線と、奈良時代の政庁Ⅱ期に連動した条坊制による方形の外郭線である。奈良時代の外郭線は大宰府条坊南辺の推定朱雀大路に羅城門、そして条坊外郭であるが、これまでのところ条坊に伴う外郭遺構は確認されていない。残る7世紀後半段階となると、百済の泗沘都城の影響を受けているとすれば、広範囲で不定形な外郭線の存在を想定する必要がある。

　この7世紀後半の大宰府外郭線を探るために、九州歴史資料館は2017年（平成29）度より、6カ年かけて確認調査を実施してきた。関連市町村の担当者と現地踏査を繰り返して、盛土遺構らしき場所が確認された地点を中心に発掘調査を実施したのである。大宰府史跡調査指導委員会には大宰府外郭線部会が設置され、調査成果が議

論されたが、結論からすれば確実な外郭線とみられる土塁などの遺構は確認されていない。

　大宰府に羅城を築くという記述は史料にない。『隋書倭国伝』には、「郭無し」とあり、日本では「難波に羅城を築く」と記した天平8（736）年が初見である。難波の羅城遺構も明確ではなく、平城京の場合も、下三橋遺跡の調査によって、京域南辺の羅城門から左右に一坊分（530ｍ余り）のみ掘立柱塀が設置されていたことが明らかとなった。アジア各国のような周辺に敵対する国や民族が陸続きの周囲にいない日本では、都城を防禦する発想はなかったとみられ、羅城を欠く開放型が日本の都城の特徴ともいえる。

　大宰府に羅城の存在を認めるには、誰もが首肯する確実な羅城遺構が発見されるまで待つ必要がある。

⒀　**大宰府出土遺物**

　大宰府跡の発掘調査では多種多様で膨大な数の遺物が出土している。ここでは官衙遺跡の遺物として一般的な瓦磚類と土器について特徴を記したい。

　軒　瓦　九州では6世紀末には屋根の瓦が製作されている。須恵

図56　老司式軒瓦

図57　鴻臚館式軒瓦

器づくりの工人が作った文様のない瓦である。瓦専用の生産体制が整えられるのは7世紀後半になってからであり、古代山城や古代寺院などに用いられた。大宰府の官衙や寺院の屋根を瓦で飾ったのは、第Ⅱ期政庁の造営からである。その屋根の先端に葺かれた軒瓦には、藤原京と平城京の宮殿や寺院の瓦に用いられたデザインを手本にしている。

1つは「老司式」と呼ばれる複弁八弁蓮華文の軒丸瓦と、偏行唐草文と鋸歯文の軒平瓦のセットである。福岡市の老司瓦窯跡で生産されて、観世音寺の屋根瓦に供給された。藤原宮所用瓦の文様の基本モチーフと、わずかな差異があるだけで強い影響が伺える。

もう1つの瓦は奈良興福寺創建の所用瓦に系譜が求められる。福岡市の鴻臚館跡で古くに発見されたことから「鴻臚館式」と呼ばれる軒瓦である。複弁八弁蓮華文で外縁が素文の軒丸瓦と、均整唐草文を配した軒平瓦である。鴻臚館式は大宰府政庁跡で最も出土量が多く、Ⅱ期政庁の創建瓦である。大宰府式鬼瓦とセットで、大宰府を象徴するまさに大宰府の顔であり、周辺官衙群や筑前国分寺のみならず、大宰府管内の官衙や寺院に、そのデザインは広がっていった。

鬼 瓦 大宰府式鬼瓦は、台形状の輪郭の中に魔物の顔がレリーフされたものである。全体の印象は、仁王さまのような顔立ちで激しい怒りに満ちている。眼はカッと見開いてこちらを鋭く睨み付け、眉間には深いシワを刻む。そのため眉もつり上がり、逆毛立っている。そし

図58 鬼瓦（重要文化財）

て、嚙みつかんばかりに開いた口に歯牙を剝きだしにしている。優しさなどみじんもない憤怒の相といえよう。

大宰府関連遺跡の水城跡や大野城跡、そして観世音寺などでは同じ原型で作られた鬼瓦が用いられている。さらには、その系統にある鬼瓦が九州各地の寺院や官衙から出土する。このデザインは大宰府の権威が及ぶ範囲で使われていることになり、いわば九州限定の大宰府式デザインだったということになる。

形状が台形で周縁に珠文を巡らした鬼面の鬼瓦は、朝鮮半島の新羅に多くみられる。そのため大宰府政庁の鬼瓦は新羅に倣って制作されたものと考えられている。確かに形状やデザインは似ている。しかし、彼の地の鬼瓦は獅子を彷彿させ、また平面的な造形なのに対して、大宰府の鬼瓦は人の表情に近くしかも立体的である。つまり形状は新羅の間接的な影響を受けて、大宰府の職人の手によって生み出されたものといえる。そして、鬼面の緻密な表現と力強く量感豊かな仕上がりが見せる憤怒相は、奈良時代前半の粘土などを用いた塑像仏の表現に通じていることから、この地の仏師が制作に関与したのではないかとも推察されている。

文様塼　大宰府政庁跡や周辺官衙跡からは３種類の文様塼が出土している（口絵８頁）。方形塼・三角形塼・長方形塼である。塼には煉瓦のように積み上げる積塼と、建物の床面をタイルのように敷き詰める敷塼がある。大宰府出土例はすべて敷塼である。それぞれの形状に作った箱型の型枠に粘土を詰めて形状を整えた後に、文様を刻んだ范型を１面もしくは２面に押し当てて成形し、須恵質に焼き上げている。釉は施さない。文様は各辺の外区に連珠文を配し、地文様に水波文を施す点は共通する。主文様は方形塼が８つの花弁

を放射状に並べた宝相華文、三角形塼も宝相華文とする。長方形塼は上面と長辺の1側面の2面に文様を施す。上面は蓮華文を中心に置き周囲に蔦唐草文を配している。側面には均整唐草文を配す。

これら文様塼は長方形塼の長辺と三角形塼の長辺、方形塼の一辺と三角形塼の短辺の長さがそれぞれ等しく、長方形塼と三角形塼には釘穴が中央に穿たれている。また長方形塼のみ側面に文様面が一面ある。この点からすると、建物基壇の側面に長方形塼を立て並べ、基壇床面に三角形塼の長辺を長方形塼に接して並べ、方形塼を三角形塼の短辺に合わせて斜めに敷いたことが考えられる。この場合、水波文様は同じ向きに流れることになる。

土　器　大宰府跡の発掘調査で出土する土器や陶磁器類は、奈良時代に限れば大半が須恵器と土師器である。用途からすると食膳具の杯や椀に皿、貯蔵具の壺や鉢、そして煮沸具の甕や甑などに分けられる。それらの機種の中には灯明や硯あるいは漆容器などに再利用されているものもあるが、全体からみればごくわずかである。大宰府跡では各種の遺構から数多くの土器がまとまって出土する例が多かったので、九州における古代の土器研究に寄与してきた。特に政庁前面の南北溝からは、天平6・8年の紀年銘木簡と供伴した出土資料によって土器編年の年代研究も大きく進んでいる。

コラム：政庁後背地の廃棄土壙

ここでは政庁後背地の廃棄土壙から出土した多量の土器の内容を紹介したい。土壙は調査区外に広がり、調査時点では南北9m以上、東西5m以上、深さ1mの不正形な平面形である。土器の特徴から8世紀後半〜末頃の時期である。土壙内の一面に炭灰層が堆積しその層中より

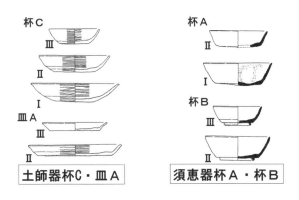

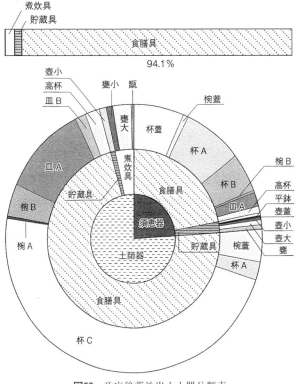

図59　政庁後背地出土土器分類表

土器が出土している。出土土器の量は整理箱30箱ほどであった。器種別の法量をデータ化するために口縁残存1/4以上の資料を用い、数量を調べるために口縁残存1/6以上の資料をデータ化した。

　出土した器種は大きく食膳具（杯・椀・皿・高杯）、貯蔵具（壺・鉢）煮沸具（甕・甑）そしてそれらとセットになった蓋である。このうち食膳具の器種は図59のように同一の器形で法量の違いによってⅡないしⅢ類に分かれている。食膳具全体をみると11器形23器種に分かれていた。このうち須恵器杯AⅠ・BⅡ、土師器杯CⅠ・CⅡ、皿AⅡの5器種で食器類の3/4を占めている。これらが主要な食器だったことがわかる。

　用途別には食膳具がじつに8割を占め、貯蔵具、煮沸具が約1割ずつである。天平年間の木簡共伴から8世紀中頃に位置づけられる溝出土の一括土器もほぼ同じ傾向であった。一般集落とは異なる古代官衙での用途の構成比率だということがいえる。ところで天平年間の溝一括土器は、須恵器と土師器の比率が8対2であったが、この破棄土壙では3対7であった。8世紀中頃以降でも供給元の牛頸窯跡群では須恵器の生産量の極端な落ち込みは認められないので、土師器の需要増大に対する土師器の大量生産という状況が考えられる。大宰府機構の整備が8世紀中ごろ以降に拡充された状況に呼応しているのかもしれない。

⒁　大宰府の神と仏

　大宰府は古代九州における政治・経済の中心地と位置づけられるが、さらに宗教的な中核も担っていた。とりわけ「府の大寺」と称された観世音寺は、斉明天皇の菩提寺として天智天皇の発願によって、国家がその造営に力を注いだ。伽藍が整備されると、僧侶になるための授戒を授ける戒壇が設置され、奈良東大寺、下野薬師寺と

並んで日本三戒壇と称されるようになる。この他にも蘇我日向が建立した「般若寺」と関わる般若寺跡や塔原廃寺、官道沿いに設置された杉塚廃寺、聖武天皇の命で設置された筑前国分寺、古代山城大野城に設置された四王院など、大宰府は宗教都市としての一面もうかがえる。ここでは観世音寺や筑前国分寺などの主要な寺院について発掘調査の成果を記すことにする。

　観世音寺　観世音寺の創建は、『続日本紀』709（和銅２）年の記事が唯一の手がかりである。すなわち、百済救援のために九州へ行幸し、朝倉橘広庭宮で崩御した母斉明天皇を追善する目的で天智天皇が発願したが、いまだに完成していないというものである。そのため723（養老７）年には万葉歌人の沙彌満誓が造観世音寺別当（長官）として勅命により遣わされ、745（天平17）年には僧の玄昉僧正がその任に当たり、ようやく翌年落慶法要を行うことができた

図60　観世音寺遠景

という。完成後は戒壇院を設置し、文字通り「府の大寺」として九州諸寺を統括する立場を不動のものとした。大宰府の強い庇護の下に寺領の拡大を図り経済的基盤を強固なものにしていくが、大宰府の廃絶とともに衰退していった。しかし、中世になると49の子院を擁する大寺院へと変化した。

　寺域は第Ⅱ期大宰府政庁の位置関係と密接につながり、条坊制の地割計画に則って占地されている。政庁の東側およそ600m離れて官衙域に隣接している位置にある。つまり、寺域は第2期政庁が成立した時点で確定していたのである。

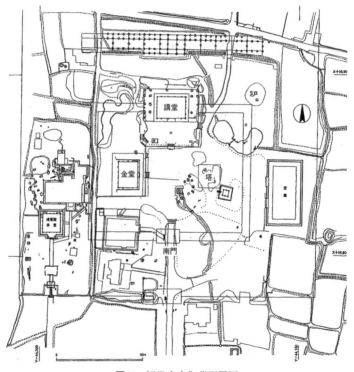

図61　観世音寺伽藍配置図

創建時の伽藍配置は現在まで残された多くの礎石や『観世音寺絵図』、『延喜五年観世音寺資財帳』などから推測できる。昭和に入り伽藍の復元研究がなされるようになり、戦後には収蔵庫建設に伴う発掘調査が実施された。本格的な調査は九州歴史資料館が1976（昭和51）年から継続して実施してきた。その結果、寺域は方三町（300ｍ四方）の規模で築地塀の遺構や関連する遺構を確認している。

　伽藍配置は観世音寺式と呼ばれるもので、中心伽藍は西に東面する金堂と東に塔を配置し、南門からめぐる回廊は中心伽藍を囲むように講堂に取りつく。この伽藍配置は大和河原寺によく似た配置であり、その影響を強く受けている。発掘調査では、金堂の創建期の建物遺構は不明だが、創建期から明治時代まで５期にわたる基壇の変遷が明らかになった。創建期は丁寧な掘込み地業と基壇本体が版築で固められ、地覆石の上に瓦積み基壇が造営されていたことが判明した。講堂は現本堂の基壇まで６期の変遷が判明した。現在地表

図62　観世音寺講堂跡の発掘調査（西側）

に残る礎石は創建時のままと考えられていたが、下層から礎石据付穴が確認されたことで、再建時に据え直された礎石であることが明らかになった。創建基壇も再建時に破壊されて不明な点が多いが、金堂と同じ瓦積み基壇と考えられる。また講堂の北側では礎石式建物で南北に廂のある19×4間以上の東西棟建物を確認した。その規模から僧房の大房建物とみられ、本来の桁行は33間に復元できる。往時の僧の多さを物語っている。

　創建時期について考えてみたい。創建瓦である老司Ⅰ式瓦は7世紀末～8世紀初頭の制作年代であるが、大宰府政庁や関連施設の整備と同時期に造営が本格化したとみられる。ただし、史料では7世紀後半にその造営が開始されており、何らかの寺としての姿はすでに存在していたとみられる。

　筑前国分寺　国分寺は742（天平13）年の聖武天皇の詔によって全国に建立された寺院であり、『続日本紀』によれば、756（天平勝宝8）年の段階で薩摩・大隅を除く九州各国に建立されていたことが知られる。

　筑前国分寺は、大宰府政庁より北西約1kmの丘陵上に位置し、九州歴史資料館と太宰府市教育委員会の発掘調査で主要伽藍と寺域が明らかになっている。伽藍配置は正面に金堂、その手前東に塔を配置し、金堂から中門までを回廊が囲繞する。金堂の背後には講堂が配置されていた。

　塔跡は調査以前より基壇状の高まりと地表に露出した礎石が表れていた。発掘の結果、中央に塔心礎と四天柱礎があり、その周囲に3×3間の側柱礎石が配置されていた。この礎石掘方には円座に並んだ石列が確認されたが、あまり類例がない。心礎据え付けに伴う

法要の痕跡ではないかとも考えられている。基壇は細かな版築で固められ、瓦積み基壇で東西に階段が付設していた。ただし9世紀前半の改修で乱石積み基壇に替えられ四面に階段が設置されるように変更されている。金堂跡は基壇版築と南側の階段が確認されただけで、礎石も当初の位置から動いていることが判明している。講堂跡は東西34ｍ、南北20ｍの創建当初の瓦積み基壇を確認している。ただし建物礎石は原位置にないことから、建物の姿は復元できない。寺域は東西を限る溝・柱列と南面築地を確認しており、北面は定かでないものの東西188ｍであることから、方2町に近い寺域と推定される。

　筑前国分尼寺　筑前国分尼寺は国分寺の約400ｍ西の場所で、江戸時代の地誌には礎石20個あまりが記載されているが、現在は水田

図63　筑前国分寺塔跡の発掘調査

の中に2個の礎石を残すのみであった。太宰府市教育委員会の周辺での調査で、東西棟の掘立柱建物が確認され南門跡と推定されている。また南門跡より南に延びる参道の側溝や、寺域の東を限る溝などを確認している。

　般若寺　654（白雉5）年に筑紫大宰帥に任じられた蘇我臣日向が建立した「般若寺」が、奈良時代には国家が認めた定額寺となったという記述がある。この般若寺の所在をめぐって大和説が採られていたが、田中久重は蘇我日向が筑紫大宰帥のときに建立していることと、太宰府市に「般若寺」の字名が残っていることから筑紫説を提起した。その筑紫説の般若寺は、西鉄二日市駅や大宰府客館跡の東に接する丘陵上に立地しており、朱雀大路や客館からは仰ぎ見る位置にありランドマークのような存在だったと思われる。

図64　般若寺跡の発掘調査

現在は住宅地に囲まれ塔心礎と基壇が一部残されている。九州歴史資料館による発掘調査で塔跡の周囲の瓦積基壇の一部と、一辺12mほどの掘り込み地業を確認している。しかし、出土瓦や土器は8世紀前半の年代を示していることから、7世紀に蘇我日向が造営した般若寺ではないことが判明した。

　小田富士雄は、筑紫野市塔原に所在し水城から朱雀大路に向かう官道沿いに位置する塔原廃寺を般若寺とする説を提示した。塔原廃寺は巨大な心礎が残り、方形2段の舎利孔を設けた古式の形態を留め、発掘調査でも大和・山田寺系軒先瓦が出土していることから、7世紀後半に遡るとみての判断である。そして、太宰府市の般若寺は大宰府政庁や条坊制の整備に伴って塔原廃寺の場所から移築されたと解釈している。しかし、近年は改めて大和説が提起されており、般若寺の所在地論争はまだ決着はしていない。

　杉塚廃寺　大宰府条坊の南西隅部付近にあって、水城西門から朱雀大路に繋がる官道に近い場所に位置する。近世の地誌では「天道寺」の言い伝えを残し、礎石が地表に表れていた。発掘調査の結果、基壇の一部と礎石9個、瓦溜まりが検出されている。伽藍配置は不明。出土土器や瓦から8世紀前半代の創建とみられ、第Ⅱ期大宰府政庁と条坊整備以後の造営と考えられる。

　四王院　『続日本紀』によると、774（宝亀5）年に新羅が日本を呪詛してい

図65　般若寺石塔

るとの情報に対して、仏法で新羅を調伏するために毘沙門天・持国天・増長天・広目天の四天王像を四王寺山の山頂に安置したという。同年に『扶桑略記』は「大宰府に四王院を起こす」と記している。対外防備のために築城された大野城の土塁に設置していることからも、護国の要とした特殊な寺院だったと見られる。毘沙門天の名が残る四王寺山最高所付近を発掘調査しているが、確実な遺構は発見できていない。

　宝満山　太宰府市と筑紫野市にまたがる宝満山（標高830ｍ）は、南から仰ぎ見る姿から御笠山と呼ばれ、また雲霧が立ち上る様子から竈門山とも称された。近世の縁起によれば、天智天皇が大宰府を建てたときに宝満山で八百万神を祀らせたのが宝満山における祭祀の起源とされている。つまり大宰府の鬼門除けのための鎮山との位置づけである。

図66　宝満山遠景

宝満山の考古学的調査は1960年代の宝満山文化綜合調査会に始まり、太宰府天満宮文化研究所そして福岡県教育委員会、太宰府市教育委員会による分布調査が行われ、その歴史的価値が高いことが明らかとなり、2013（平成25）年に国指定史跡になっている。

　長年にわたる悉皆調査の結果、宝満山では 7 世紀後半頃を上限にした遺物が認められる。山頂には竈門神社の上宮があり、麓に鎮座するのが下宮である。上宮周辺からは、奈良・平安時代の土師器や須恵器、皇朝十二銭、滑石製形代、銅製儀鏡、施釉陶器、中国陶磁、11世紀以降になると仏像、仏具などが出土し仏教色が強くなる。

　北西部の辛野遺跡では、寺院遺跡で出土する土師器鉢や製塩土器、「神」や「寺」、「蕃」銘墨書土器も出土している。9 世紀になると四王院だけでなく、宝満山でも敵国調伏の祭祀が行われていたことを推測させる。さらに最澄や円仁などの入唐僧が航海の安全を祈るようになる。このように大宰府守護、そして大宰府が関与した異敵からの守護祈願に見られる国家的な神道祭祀と、航海安全を祈願する仏教的祭祀が重なっていたと考えられる。

　麓の竈門神社の下方に礎石が配置されている場所がある。この礎石建物は平安時代後期と見られるが、8 世紀初頭の鴻臚館式軒瓦が出土していることから、資料にみえる竈門神社の神宮寺「竈門山寺」があったことが推定される。

　安楽寺　903（延喜 3 ）年に大宰府で没した大宰権帥菅原道真の御廟から成立したのが安楽寺で、後に太宰府天満宮となる。10世紀終わり頃より大宰府官人の庇護を受けるようになり、官寺的性格を持った新興社寺として発展していった。なお太宰府天満宮の境内よ

り奈良時代の瓦が出土することから、御廟造営以前に安楽寺もしく
は別称の寺院が存在していた可能性も考えられる。

第5章 | 発掘調査成果が語る大宰府の3つの機能

(1) 大宰府の外交機能と2つの客館

　古代東アジアの国際関係は、2国間での使節往来が外交の基本であった。日本の場合には隋に使節を派遣したことを皮切りに、その後の唐への遣唐使派遣だけでなく、百済、新羅、渤海などとの使節外交を積極的に展開した。大宰府の外交機能は養老職員令の大宰府条に「蕃客」・「帰化」・「饗讌」の職務が記されている。蕃客は使節、帰化は帰化希望者でありそれぞれを管理することで、饗讌は来日使節団への饗宴などのおもてなしである。これら外交機能を担ったのが客館である。使節が来航すると、外交の窓口である筑紫に入港することが決められている。そのため大宰府の域内にも来着した使節の宿泊や饗応の場として客館が設けられていた。大宰府の博多津にあった客館は「筑紫館（つくしのむろつみ）」の名称が付けられていた。平安時代以降には「鴻臚館」と呼ばれていた。筑柴館はその前身施設である。

　入京の許可が降りるまで使節はこの客館に留め置かれることになる。一行の入京が決まると筑紫館を発ち、瀬戸内海を渡って現在の大阪にあった難波の津に近い難波館にいったん入って、その後、平城京内の客館に落ち着いたとみられる。このように津と京域にセットで客館を用意したのである。

　ところで、使節外交で最も重要なのは儀礼である。唐の制度に準

拠して定められた儀礼を行うことになる。現代でもプロトコールと呼ばれる国際儀礼では、服装や各種の立ち振る舞い、席次などが細かく決められている。客館はこうした国際儀礼を演出する場であり、それにふさわしい規模と構造が要求されたはずである。正式な外交儀礼は、奈良時代には平城京、平安時代には平安京に設置された客館で執り行われることになる。ところが、各種の思惑や事情によって、入京せずに大宰府での饗応後に帰国することや、中央に代わって外交の一部を大宰府が代行して使節と執り行うこともあったようである。

　では博多津とされる荒津に設置された筑紫館はどのようなものだったのだろうか。

　遺跡は福岡市の博多湾に延びる丘陵先端に立地する。西側には深い入江があり古代には船の停泊地になっていたとみられる。1987（昭和62）年の平和台球場改修に伴う発掘調査以降30年近い調査により、5時期の遺構変遷が明らかになっている（図67）。

　第Ⅰ期（7世紀後半）　丘陵に入り込む谷によって北側エリアと南側エリアに隔てられた場所に、それぞれ北館と南館と呼ぶ施設が造営される。北館は東西54m、南北39mの柱列で囲まれている。築地塀の可能性が高い。南館は北館より1m以上高い場所に造営されている。北館と南館では建物の方位や建物配置も異なっている。南館は長舎によるロの字形配置となっており、初期郡衙政庁の建物に類例が認められる平面プランを採用していた。

　第Ⅱ期（8世紀前半）　北側エリアと南側エリアを分けていた谷は埋め立てられて狭くなり幅20mほどの堀になる。堀の北側壁は石垣を築き、海側も造成して崖面を作る。まるで城のように防御性を

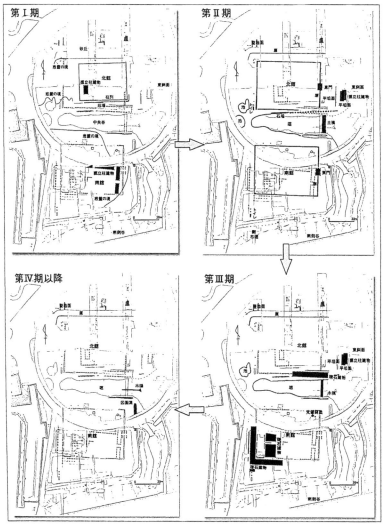

図67　鴻臚館跡遺構変遷図

高めている。北側エリアと南側エリアは土橋の連絡路で結ばれ、北館と南館はともに東西74m、南北56mの長方形プランの瓦葺きの築地塀が巡り、東側の塀にそれぞれ八脚門が取り付く。この第Ⅱ期の特徴として、両エリアで築地塀の区画外にトイレ遺構が検出されている。このように北館と南館とで規模と形状の等しい2つの区画が併存していたことになる。

第Ⅲ期（8世紀後半～9世紀前半）　中央の堀は石垣も含めて埋め立てて、幅がさらに狭くなり、土橋も木橋に替える。全体に遺構の残存状況はよくない。北館と南館は第Ⅱ期のプランを基本的に踏襲するが、南館では長大な南北棟の礎石建物を回廊で取り囲む構造へと変えている。

第Ⅳ期（9世紀後半～10世紀前半）・**第Ⅴ期**（10世紀後半～11世紀前半）
Ⅳ期以降は建物跡の遺構を検出していない。廃棄土壙や包含層に含まれる遺物から第Ⅳ期と第Ⅴ期の2時期の遺構があったとみられている。ただし、多数出土する瓦からすると、瓦葺き建物が存在していたことが想定できる。

時期変遷の歴史的意義　先述したように、近年大宰府条坊の朱雀大路に隣接した地点でも外国使節受け入れの客館が発見されている。この博多湾の筑紫館・鴻臚館と大宰府の客館の2つをまとめると、博多湾岸に造営された筑紫館の第Ⅰ期では、北館が外交使節の宿泊施設で、南館は儀式や饗宴の場という機能分担があったとみられる。大宰府政庁が平城京とともに本格的な整備がなされた筑紫館第Ⅱ期は新羅使節が頻繁に来朝していたころなので、使節を迎えるために京から使者を筑紫館に遣わし、饗応を行っていたのではないかと考えられる。この第Ⅱ期には建物は瓦葺きの立派な建物に建て替

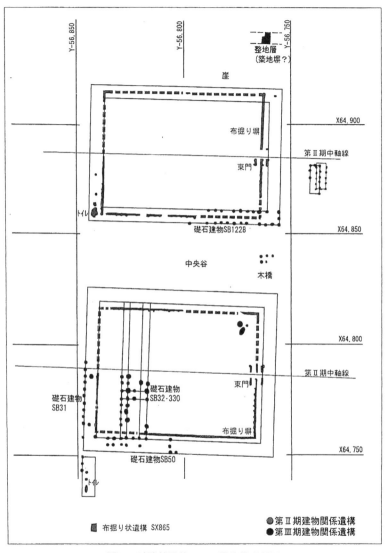

図68 鴻臚館跡第Ⅱ・Ⅲ期遺構配置図

わったとみられる。最も大きな変化は南館が北館と同規模の構造になり、施設も塀で囲まれるようになっている。これは北館だけでなく南館も宿泊機能を持たせたとみることができる。第Ⅲ期は第Ⅱ期を踏襲しており宿泊機能の役割を持っていたと考えられる。

　じつはこの時期、新羅使が来朝した記事はあるが筑紫館での饗宴の記事はない。筑紫館・鴻臚館は古代日本の交流の窓口として、奈良時代以降には滞在中の宿泊や食事等のサービスや管理を担い、公的な外交儀礼は都もしくは大宰府の客館に場所を移して執り行っていたと思われる。

　ところで735～737（天平7～9）年、大宰府管内で発生した天然痘の全国的な流行で日本は大打撃を受けている。人口の3割前後が死亡したと考えられ、中央政権も機能不全になったほどである。この感染症が海外より持ち込まれていたことは明らかだったので、水際対策として、来日する使節は上陸地の筑紫館に留め置かれて経過観察が行われていたのではないかと考えられる。第Ⅱ期になり筑紫館が宿泊施設となって厳重に塀で囲まれ、隔離性を増しているのはそのことを示しているのではないだろうか。

　先述したようにこの時期は大宰府政庁が装いを新たに大陸風に建て替えられ、南に延びる朱雀大路沿いに新たに客館も整えられている。さまざまな事情で入京させなかった使節に対しては、代替措置として大宰府で外交儀礼を執り行うこともあったと思われる。そのため、筑紫館・鴻臚館からは水城西門への官道が直線道路として敷設されているのである。この外交道路から水城の関門を経由して大宰府条坊の南から朱雀大路に入り、大宰府の客館で外交儀礼が行われ、そして同じルートで帰路についたとみられる。

この官道を水城西門ルートと呼び、福岡市野間B遺跡や春日市春日公園遺跡、大野城市池田遺跡や谷川遺跡などで道路側溝や丘陵先端をカットした遺構、あるいは軟弱地への盛土遺構が確認されている。水城西門から大宰府へ向かう道も太宰府市前田遺跡や筑紫野市の条坊遺跡で道路側溝の遺構が明らかになっている。

　大宰府から北へは、水城東門ルートも存在していた。福岡平野を通過して東へと折れて玄界灘沿いに、少し内陸部を進む道で、山陽道を経由して京へと至る主要幹線道路である。大宰府官人の赴任や外国使節入京に際して用いられた道である。なお、西門ルートにあたる前田遺跡では8世紀後半のごみ穴が路面に掘られており、9世紀以降には鴻臚館と大宰府を結ぶ交通路の機能が失われていたことも考えられている。ルート変更があったのかもしれない。

　ところで使節の来日は、公式の贈答儀礼を通じた朝廷による舶来

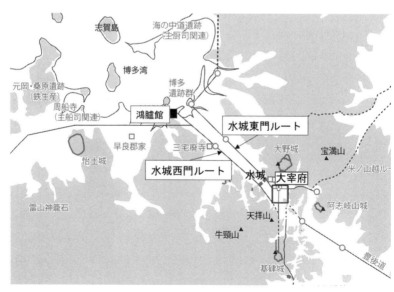

図69　大宰府から鴻臚館への交通路

品の入手だけではなく、来日団との交易という側面も有していた。大宰府官人は筑紫館を通じて使節団の携行品を独占的に入手するなど、筑紫館・鴻臚館は公的な管理下での交易の場となっていった。

　9世紀中頃以降、使節の来着が減少すると、かわって渤海使や新羅と唐の商人が来航するようになり、彼らが鴻臚館に滞留した。彼らは大宰府の管理統制の下で朝廷と優先的に交易しながら、徐々に在地官人層との交易も拡大させていった。大宰府跡や鴻臚館跡では、10世紀代の貿易陶磁器類が大量に出土していることもこれを裏付けている。

⑵　大宰府の内政機能と周辺官衙出土木簡

　大宰府の内政機能は、他の地域には見られない独自のもので、九州各国に置かれた国府による地域支配と重複する構造であるのが特徴である。それは大宰府の外交機能と軍事機能を遂行する上で必要な財政基盤を確保するために、内政機能の充実が図られたということである。では九州諸国からどのように税物としてのさまざまな物資を集めていたのだろうか。じつは大宰府政庁前面で不丁地区官衙と中央広場を区画する南北溝（図40溝②）から出土した木簡が、大宰府の内政機能を明らかに示している。

　不丁地区出土木簡　不丁地区官衙の東を限る南北溝からは200点近い木簡が出土し、そのうちの70点が付札木簡であった。九州各地から大宰府に納められてきた物品に括り付けられた荷札や整理用付札である。その多くは「郡名・物品名・数量」が記されている。物品では紫草が最も多く、次に萱などを編んだ苫、米、黒葛、枯根、竹などである。これら付札木簡には上部に紐を括り付ける切り込みが

ある。かつて、これらの木簡は各地から集積された物品の荷札ではなく、大宰府で整理保管した際に新たに付けた付札木簡だと解釈されていた。墨書されていない完形の木簡が出土していることと、年代が省略されていることが根拠であった。

不丁地区の正式報告書作成のために、あらためて木簡の詳細な検討がなされた際に新しい解釈が生まれている。筑前国の木簡には怡土郡（現糸島市）など4つの郡名が記されているが、酒井芳司によれば、郡ごとに筆跡や木簡の切り込みの仕方などに類似があるという。筑前国では大きさや書式に統一スタイルがあり、細部は郡ごとに特徴があることから、郡役人が作成に関わっていたとみている。筑後国の三井郡銘木簡は筑前国と書式が共通し、紐付けのための切り込みがないことから、供出する米俵の中に郡役所が品質保証のために入れたと考えている。

また豊後国・肥後国・薩摩国では書式が一定しておらず、大きさや形態が多様である。同じ郡でもさまざまな形と大きさがあり、郡レベル以下の役人の関与が強いとみている。つまり大宰府や国府の規制が働いていないのである。なお、大隅国と南島の付札は大きさや切り込みの形と位置に共通性があり、これらについては大宰府もしくは大隈国が作成したと考えられている。

一部に大宰府で作成した可能性のある付札もあるが、郡ごとの作成が一般的であったことから、その多くは大宰府での整理用付札ではなく、現地で物品につけられた荷札と考えられるのである。

基肄城銘木簡　大宰府政庁前面の南北溝から出土した木簡には「為班給筑前筑後肥等国遣基肄城稲穀随…」（図70）と記す。災害などの事情で基肄城に備蓄している稲穀を筑前・筑後・肥前・肥後の4

カ国に分かち与えよと命じた内容
である。この溝は天平6・8年の
紀年銘のある木簡が出土している
ことから、天平年間（730年頃）
の前半に使用されていたとみられ
る。この頃、古代山城の大野城と
基肄城には5×3間の礎石倉庫が
建てられるようになる。その数は
両城とも合わせたように35棟と推
定される。この木簡の内容によっ
て、これら古代山城に備蓄された
大量の稲穀には、対外戦争に備え
た兵糧米というだけでなく、天変
地異による災害や疫病などの非常
事態にも対処する不動倉の役割も
あったことが明らかになった。ま
た、基肄城は肥前国内にあるの
で、本来の規定では肥前国が管理
すべきだが、大宰府の管理下に
あったと理解できる。

南島銘木簡　大隈国からの貢進
物に付けられた付札木簡には「奄
美嶋」と「伊藍島」という南島の
地名が記されたものがある。出土
した溝は天平年間（729～748年）

図70　基肄城銘木簡

の前半代に埋まったと考えられる。

　これらの木簡出土は、奈良時代前半における大宰府の管内諸国島への総管機能の一端を示す物証として注目されている。南島からもたらされた品物は記されていないが、南島との交渉に大宰府が一定の役割を果たしたとみられる。

　近年、喜界島（鹿児島県大島郡喜界町）城久遺跡群では300棟以上の掘立柱建物や火葬墓、木棺墓、鍛冶炉などが確認され、9世紀以降の本土産の土師器や須恵器、灰釉陶器、中国陶磁器などが多数出土している。城久遺跡は大宰府の南島支配の拠点だったのではないかと考えられている。

　また、史料によれば、707（慶雲4）年には大宰府で南島人に位階と品物を授けている。735（天平勝宝6）年には、大宰府の次官である大弐の小野老が高橋牛養を南島に派遣して、漂着する船のために大宰府までの距離を示した碑を建立している。遣唐使の南島路確保との関係と思われるが、この頃、大宰府が南島を管轄下に置こうとしたとみることができる。

　このように大宰府跡出土の木簡は大宰府と西海道諸国との関わりを今日に伝えてくれる生の史料といえる。

(3)　大宰府の軍事機能

　大宰府の機能には対外防衛の役割がある。これを遂行するための軍制の基本は徴兵による軍事組織の制度、すなわち一般農民から動員された兵士で構成される軍団制である。兵士は国ごとに置かれた在地の軍団に上番することになるが、なかには故郷を離れて勤務する者もいた。律令の軍防令には、京で宮中警備を担う兵士を衛士、

辺境防備のために九州へ赴く兵士を防人と規定している。そのため、九州に赴任した兵士は、大宰府の防人司の管轄下で教習や教練を終えて任地へと向かうことになっている。防人は主に東国からの動員だが、九州での配備地は、軍団制成立以前の664（天智3）年に「対馬島・壱岐島・筑紫国等」と『日本書紀』の記載がある。このほか、万葉集には能古島の「也良の崎守」の歌があるが、能古島は筑前国なので筑紫国の範囲内である。

　これまで筑紫国などの範囲がどこまで含まれるのかはわからなかった。しかし近年佐賀県唐津市の中原遺跡出土木簡によって、肥前国も含まれることが明らかになった。木簡には「甲斐国□（津）戌□（人）」と「□（延）暦八年」と記す（図71）。この木簡群は甲斐国出身の防人に食料を支給する内容の記述であるが、年代的には新任の防人ではなく、長くこの地に留まっていた甲斐国出身者が再度徴発されたとみられる。また史料では5人単位での編成と記されているが、この木簡にも5人の名前が列記されており、東国防人は国単位での5人編成で把握されていたことが証明された。さらに、『続日本紀』にも戌の表記はあるが、789（延暦8）年頃に防人を戌人と呼称していたことも判明している。

　ところで軍団の設置は軍防令で定められているが、813（弘仁4）年の太政官符には筑前国に4つの軍団を置いたことが記されている。国ごとの軍団数はわかるものの、具体的な地域構成は記されていない。じつは戦前に大宰府跡から2つの軍団印が偶然発見されたことで、地域名が2カ所判明している。1つは来木地区の西に接する現在の水城小学校敷地から発見された「遠賀團印」で、筑前国の遠賀郡に軍団が配置されていたことがわかる。もう1つは筑前国

分寺の南側で発見された「御笠團印」で、御笠郡は大宰府政庁が置かれたおひざ元の郡である。

　この軍団制は奈良時代後半以降になると停止や廃止を繰り返すようになり、792（延暦11）年には九州と陸奥などの辺要の地域を除いて廃止された。軍団制が長期存続した理由として松川博一は、有事の際に大宰府管内および国外への征討軍の派遣や山城の守衛に加えて、大宰府政庁や諸官衙、特に兵庫や府庫の警護や都市大宰府の治安維持を担う大宰府常備軍の維持の必要性を挙げている。大宰府

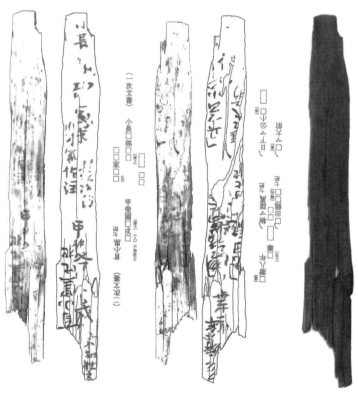

図71　甲斐銘木簡

独自の軍制度として、大宰府諸施設の警備を担う常備軍が設置されていたと考えているのである。政庁前面域の南北溝から出土した木簡に、734（天平6）年に筑前・筑後合わせて54人の軍団兵士が大宰府に上番したことを記していることがその明証であるとする。

じつはこの大宰府独自の軍事システムが生まれた背景には、過去に磐井の乱を経験したヤマト王権より引き継がれた苦々しい記憶がある。九州の在地勢力に対する強い不信感から、761（天平宝字5）年まで兵器生産は国ごとに生産する他国と異なり、九州は7世紀後半以降に筑紫大宰もしくは律令制大宰府の傘下の工房が独占的に担っていたか、あるいは九州では武器製造を行っていなかったと考えられている。

今から100年以上前、九州考古学の草分けとして著名な中山平次郎は、大宰府政庁西側の蔵司地区で被熱した鉄鏃や甲冑などの鉄製武器・武具を採集し、当時すでに兵器製造所があったのではないかと考えていた。さらに兵器製造所が焼失した後に蔵司の倉庫が造営された可能性にも言及している。

2009（平成21）年より九州歴史資料館はこの蔵司地区の調査に着手している。地表の礎石群の実測調査の後の発掘調査で、表土や整地層から1,700点にのぼる大量の鉄製品が出土している。蔵司地区の項で既述したようにほとんどの製品が2次的に強い火熱を帯びていることが明らかで、甲冑小札、鉄鏃、鉄剣、鉄釘の4種類を確認している。これら鉄製品の分析を行った小嶋によれば、その被熱状況から鉄鏃は軸を揃えて束で括られ、甲冑も小札を組み上げた製品の状態だったとみている。また、鉄鏃の形状は在地様式ではなく中央様式で、多くは8世紀前半〜中頃の製作と考えられるという。律

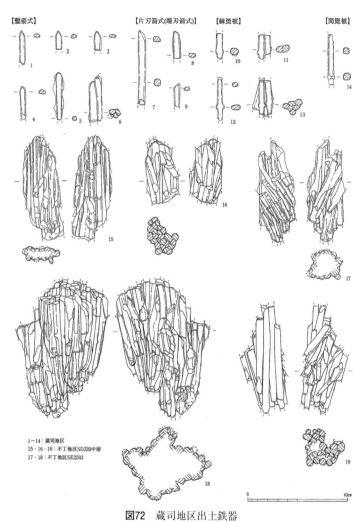

【鑿箭式】　　　　　　　　　　　【片刃箭式(端刃箭式)】　【鋏篦被】　　　　　　　　　【関篦被】

1　2　3　7　8　9　10　11　14

4　5　6　12　13

15　16　17

18　19

1〜14：蔵司地区
15・16・19：不丁地区SD320中層
17・18：不丁地区SE2503

0　　　　　　　　　　10cm

図72　蔵司地区出土鉄器

令制下で大宰府が発足したと考えられている時期である。ある一時期に蔵司地区に大量の武器・武具が種別に集積されていた事実は重要である。小嶋は、製作地を確定できないが、かつて中山平次郎が指摘したような蔵司地区に兵器工場はないものの、なんらかの兵器保管施設が存在していた可能性を推察している。

　大宰府に備蓄された武器や武具などの兵器は大宰府常備軍によって厳重に守衛され、有事の際には朝廷の勅で編成された征討軍によって運用されたとする見方が遺跡から導き出す仮説である。まさに『軍防令』軍器在庫条の規定のように兵器は種類別に保管されていたとみられるのである。今後、蔵司地区出土資料と、九州の他地域出土武器・武具の比較検討など、別の調査方法による検証が期待される。

第6章 大宰府跡の保存と活用

　大宰府跡の指定拡張がなされた直後から、本格的な史跡整備も少しずつ始められた。正殿跡からのそれまであった建物の移転や田畑の公有化、道路の付け替え、さらには史跡地の植栽等を進め、史跡として一体感のある景観の創出に努めるような整備事業が進められてきた。福岡県は1972（昭和47）年に『大宰府歴史公園基本構想』を策定し、大宰府政庁跡の整備を開始してきた。現在、大宰府跡の政庁跡に立つと、三方を緑で囲まれた落ち着いた景観であり、水城跡や大野城跡など周辺市町にまたがった史跡公園も数多く整備されるようになった。

　太宰府市も大宰府跡の土地の買上げを進めつつ、地域のまちづくりに史跡を活かす取組を開始し公園整備に力を入れるようになった。大宰府跡の整備は政庁跡のように遺構の平面復元が施され、太宰府市も大宰府展示館を設置して歴史学習の場として整備を進めている。また、周辺の史跡地のように緑地・広場などとともに市民が気軽に利用できる便益施設を配置して、公園が担うようなオープンスペースとして整備した。加えて、大宰府関連史跡を結ぶ歴史の散歩道や九州自然歩道の整備も行われている。

　発掘完了後に公園整備した史跡地を管理し、併せて史跡の意義を広報普及することを主な事業として1974（昭和49）年に「財団法人古都大宰府を守る会」が設立されている。現在は「公益財団法人古

都大宰府保存協会」に名称も変わり、大宰府展示館の管理や史跡整備地の維持管理、史跡の保存・広報普及などについて大きな役割を果たす活動を実施している。とりわけ大宰府史跡解説員（史跡解説ボランティア）の育成や、万葉植物植栽ボランティアなどの団体と連携して、訪れる人に心地よい空間を提供している。

　ところで、国や県そして地元自治体の施策のみでは史跡の保護を図ることは不可能である。保護の目的を地元の人々が理解することが不可欠である。昭和40年代に大宰府史跡の拡張に危機感を強めた地元は、反対の声をあげる中で史跡に対する関心も同時に芽生え、史跡は誰のものかという根源的な問いかけもなされていたのである。そして実際に地元の人々は、発掘調査に参加したことで、先祖から守り継いできた土地の重要性が次々に明らかになるなか、史跡は国民のものでもあるという理解につながり、協力して史跡を保護するようになったのである。

　福嶋寛之はこのことが保護の理解のためのプロローグだったとし、その後の多彩な大宰府史跡保護の展開について「新たな智と出会った人々が共に史跡を守り、その活用方法を模索しながら保存の意味を盛り上げる多様な市民活動が花開き、地域住民を巻き込む中から史跡の解説や整備

図73　市民との協業イベントで正殿跡に立てた紙の柱

の担い手も生まれていった」と特色づけている。

　九州国立博物館前館長の三輪嘉六は、「九州国立博物館の設置は大宰府史跡保護運動の帰結であり、大宰府史跡という野外ミュージアムと九州国立博物館という屋内ミュージアムがそろい踏みして、次の段階へと進むことになる」と機会あるごとに述べていた。九州国立博物館は長い誘致運動の成果として実現し、2005（平成17）年に開館した。

　1999（平成11）年に策定された『九州国立博物館（仮称）基本計画』では「太宰府を中心とする地域が我が国とアジアとの交流の窓口として大きな役割を果たしてきた」歴史があることから、「わが国の歴史をアジア史的観点から捉える」ことを九州国立博物館のテーマに掲げている。その九州国立博物館誕生の地である太宰府市は、開館前に『太宰府市まるごと博物館基本計画』を策定し、九州国立博物館や太宰府天満宮をコアエリアそして、大宰府政庁跡や水城を結ぶ「発見の小路」の整備に乗り出している。開館時には『太宰府市文化財保存活用計画』を策定し、市民が将来に守り伝えたい太宰府固有のストーリーとその保護の主体となる市民活動を「大宰府市民遺産」と定義して、新しい街づくりの実践段階に入っている。2010（平成22）年には国土交通省による『太宰府市歴史的風致維持向上計画』の認定を受けたこともあり、

図74　政庁跡の風景

新たに『特別史跡大宰府跡保存管理計画』を策定して、市民との協働を重視した史跡保護の取り組みを推進している。2015（平成27）年には文化庁による「日本遺産」に「古代日本の「西の都」〜東アジアとの交流拠点〜」が認定された。大宰府関連史跡が核となってストーリーが描かれているが、2020（令和2）年にはそれまでの太宰府市に加えて筑紫野市、春日市、大野城市、那珂川市、宇美町、佐賀県基山町まで拡充されて新たな展開が期待されている。

　大宰府史跡を取り巻く環境は、文化財への関心の高まりやこうしたまちづくり、観光への期待を受けて大きく変化しつつある。大宰府史跡の現在のたたずまいは50年かけて作り上げた到達点であるが、史跡見学だけでなく児童・生徒の学習活動、イベント、市民ボランティアの活動場など多面的な利用を想定する必要がある。大宰府独特の史跡景観を保存し、同時にさまざまな活用とのバランスを取りながら今後も大宰府跡の歴史的な価値を守り伝えていかなければならない。

引用・参考文献

［報告書］

九州歴史資料館 1976『木簡概報Ⅰ』

九州歴史資料館 1988『昭和62年度大宰府史跡発掘調査概報』

九州歴史資料館 2002『大宰府政庁跡』

九州歴史資料館 2005『観世音寺伽藍編』

九州歴史資料館 2010『大宰府政庁周辺官衙跡Ⅰ政庁前面広場地区』

九州歴史資料館 2011『大宰府政庁周辺官衙跡Ⅱ日吉地区』

九州歴史資料館 2012『大宰府政庁周辺官衙跡Ⅲ不丁地区遺構編』

九州歴史資料館 2014『大宰府政庁周辺官衙跡Ⅴ不丁地区遺物編2』

九州歴史資料館 2017『大宰府政庁周辺官衙跡Ⅸ大楠地区』

九州歴史資料館 2017『大宰府政庁周辺官衙跡Ⅹ広丸地区遺構編』

九州歴史資料館 2023『大宰府外郭線Ⅰ』

太宰府市教育委員会 2014『大宰府条坊跡―推定客館跡の調査概要報告書』
　　44

［図録等］

九州歴史資料館 1978『大宰府展』

九州歴史資料館 1988『発掘が語る遠の朝廷大宰府展』

九州歴史資料館 1998『大宰府復元』

九州歴史資料館 2010『大宰府―その栄華と軌跡―』

九州国立博物館 2015『新羅王子が見た大宰府』

九州歴史資料館 2018『記念図録大宰府史跡発掘50年』

九州歴史資料館 2018『ガイドブック大宰府跡』

九州歴史資料館 2018『展望・大宰府研究　大宰府の官衙』資料集

九州歴史資料館 2022『ガイドブック観世音寺』

［一般書・論文等］

赤司善彦 2001「大宰府跡―正殿の調査―」『歴史九州』128海援社

赤司善彦 2010「筑紫の古代山城と大宰府の成立について―朝倉橘廣庭宮の
　　記憶―」『古代文化』61-4古代學協會

赤司善彦 2020「大伴旅人の館跡（大宰帥公邸）を探る」『福岡地方史研究』
　　58福岡地方史研究会花乱社

阿部義平 1991「日本列島における都城形成―大宰府羅城の復原を中心に―」
　　『国立歴史民俗博物館研究報告』36

石松好雄 1983「大宰府府庁考」九州歴史資料館開館10周年記念『大宰府古
　　文化論叢』吉川弘文館

石松好雄編 1984『日本の美術　大宰府跡』至文堂

一瀬智 2009「福岡藩における大宰府跡の保護・顕彰について」『九州歴史資
　　料館研究論集34』九州歴史資料館

井上信正 2011「大宰府条坊の基礎考察」『大宰府学』5 太宰府市市史資料室

井上理香 2004「開発と保存―戦後太宰府における史跡保存問題」『「古都大
　　宰府」の展開』大宰府市史別編

近江俊秀 2014『古代都城の造営と都市計画』吉川弘文館

小鹿野亮 2015「古代大宰府への道」『海路12　九州の古代官道』海鳥社

小田和利 2018「大宰府政庁と周辺官衙跡」大宰府史跡発掘五〇周年記念特
　　別展『大宰府への道』九州歴史資料館

小田富士雄 2018「成立期大宰府都城調査の成果と検討」『大宰府の研究』高
　　志書院

小田富士雄 2013『古代九州と東アジアⅡ』同成社

小田裕樹 2018「大宰府政庁Ⅰ期遺構軍の再検討」『九州考古学』96

鏡山猛 1968『大宰府都城の研究』風間書房

岸俊男 1983「大宰府と都城制」九州歴史資料館開館10周年記念『大宰府古
　　文化論叢』吉川弘文館

九州国立博物館アジア文化交流センター 2019『大宰府学研究』研究論集1

九州国立博物館アジア文化交流センター 2021『大宰府史跡指定100年と研究
　　の歩み』研究論集2

九州歴史資料館編 2018『大宰府の研究』高志書院

九州歴史資料館・九州国立博物館 2018『大宰府史跡発掘50周年記念シンポ
　　ジウム　展望・大宰府研究　太宰府の官衙』資料集

倉住靖彦 1985『古代の大宰府』吉川弘文館

小嶋篤 2016『大宰府の軍備に関する考古学的研究』九州国立博物館・福岡
　　県立アジア文化交流センター

（公財）古都大宰府保存協会 2020『都府楼』52

酒井芳司 2009「倭王権の九州支配と筑紫大宰の派遣」『九州歴史資料館研究

論集』34

狭川真一 1990「大宰府条坊の復原」『条里制研究』6

重松敏彦 2004「近世における太宰府研究」『「古都大宰府」の展開』大宰府市史別編

菅波正人 2015「鴻臚館への道」『海路12　九州の古代官道』海鳥社

杉原敏之 2011『遺跡を学ぶ076　遠の朝廷大宰府』新泉社

高倉洋彰 1996『太宰府と観世音寺』海鳥社

田村圓澄編 1986『古代の大宰府』吉川弘文館

太宰府市教育委員会 1996「大宰府史跡指定拡張の経緯」

太宰府市 2003『大宰府市史古代資料編』

太宰府市 2004『大宰府市史別編「古都大宰府」の展開』

太宰府市 2005『大宰府市史考古資料編』

竹岡勝也・長沼賢海・橋詰武生 1952『太宰府小史』太宰府天満宮

中井公 1998「大規模宅地とその類型」『古代都城制研究集会3　古代都市の構造と展開』奈良国立文化財研究所

西高辻信宏・赤司善彦・高倉洋彰編 2014『大学的福岡・太宰府ガイド―こだわりの歩き方』昭和堂

福岡県 1926『史跡名勝天然記念物調査報告書第二輯』

福岡市教育委員会 2001『比恵』29

松川博一 2023『古代大宰府の政治と軍事』同成社

森弘子 2003『太宰府発見』海鳥社

森弘子 1999「正殿跡の石碑について」『大宰府史跡平成10年度発掘調査概報』九州歴史資料館

山村信榮 1993「大宰府周辺の古代官道」『九州考古学』68

横田賢次郎 1983「大宰府政庁の変遷について」『大宰府古文化論叢』上巻吉川弘文館

写真・図版出典・所蔵一覧

カバー、口絵1・2上・7・8、図5・8・10・13〜32・34〜47・50・56〜58・60〜
　65・70・71・73　九州歴史資料館提供
口絵2下・4、図1・6・12・59・66・69・74　著者作成・撮影
口絵3　太宰府市教育委員会提供
口絵5上　福岡市埋蔵文化財センター提供
口絵5下　菅波正人提供
口絵6、図4　福岡市博物館所蔵
図2　国立研究法人産業技術総合研究所活断層データベース
図3　福岡県 1926
図7　太宰府市文化ふれあい館提供
図33　小田裕 2018
図48・49　小田富 2018
図51　中井 1998
図52　鏡山 1968
図53　井上 2011
図67・68　菅波 2015
図72　小嶋 2016
※遺跡発掘調査報告書は紙面の都合で略した。

あ と が き

　本書では1968年に始まった大宰府跡の発掘調査について、大宰府政庁跡と周辺官衙跡を中心にその成果を記述した。

　最後に、大宰府跡の発掘調査と筆者の関わりについて記すことをお許しいただきたい。

　昭和が終わる5年ほど前、筆者は福岡県教育庁文化課から九州歴史資料館調査課に異動した。当時の調査課の仕事場は九州歴史資料館にはなく、大宰府政庁跡から歩いて2・3分の発掘調査事務所にあった。敷地内には太宰府市教育委員会の発掘事務所もあった。事務所には調査課長と考古担当4名、文献担当1名そして文化課の公園整備担当1名の7名が席を並べていた。

　私以外の課員は、研究者として名前の知れた歳の離れた先輩たちである。大宰府跡は保護された史跡なので、最低限の調査でいかに最大限の成果を出すかが問われる。職人気質を醸し出し、決して優しいばかりではない先輩たちの背中を見て覚えることは多かった。夕方になると飲み始めるクセの強い先輩の熱い話を聞くことも、当時の日課だった。おかげで酒豪との上手な付き合い方を学ぶこともできた。事務所には国内外の大学や諸機関の研究者・学生が各種の調査で訪ねてくることが多い。九州にきた研究者たちにとっての磁場のような場所で、議論に参加したり一緒にお酒を飲んだりと有意義な環境だった。

　ところで、大宰府史跡の調査を担当していて、調査を振り返る機

会となるのは10年ごとに成果を周知する特別展である。私は大宰府史跡発掘20周年と30周年の特別展を担当した。とりわけ30周年の特別展は「大宰府復元」のテーマを掲げ、遺構復元模型やイラストを多用し、古代大宰府の政治・文化の復元を試みた。ただし、予算が少なかったので、太宰府市職員に水城復元模型を夜な夜な自作してもらい、映像制作に太宰府天満宮顕彰会の手厚い助成を受けた。また大宰府政庁の殿舎を紙管の柱で復元するイベントでは、地元商工会や筑紫青年会議所の助力を得ることができた。大宰府跡の発掘調査は、大宰府の歴史に深い思いを寄せて誇りを持つ多くの人たちに支えられていることを実感することができた。

　また、大宰府政庁跡に隣接する大宰府展示館は、検出遺構の一部を保存公開し、出土遺物や模型などで大宰府の歴史と文化を紹介する施設である。そこに事務局を置く（公財）古都大宰府保存協会は、大宰府跡の維持管理や史跡の解説などを行っている。筆者にとっては第2の職場のようなもので、展示替えだけでなく、こども歴史教室などの教育普及の実践は大いに示唆を与えられた。

　その後、21世紀が始まる頃になると九州国立博館の設立準備に軸足を移すことになった。同館は2005年に開館し、平常展では大宰府の展示を担当したのでその後も大宰府跡とは縁の切れない仕事が続いた。

　現在は大野城市に新しく開館した博物館で仕事をする機会を得た。昔からご縁のあった市長にお誘いいただき、市民ミュージアムを実現する課題が与えられた。なにより、大野城跡や水城跡の所在地なので、大宰府跡と関わりが切れないことに感謝している。

　私が大宰府跡の調査に関わって以降、福岡県文化財保護課、九州

歴史資料館、九州国立博物館、太宰府市をはじめさまざまな機関の諸兄姉に多くのことを教えていただいた。上記の方々の中にはすでに白玉楼中の人となられた方もおられる。紙面の都合ですべての方のお名前を記せず大変恐縮だが、この場を借りて心より敬意と感謝の意を表したい。

　本書の刊行にあたり同成社の工藤龍平さんには的確なアドバイスをいただきお手を煩わせたことと思う。心からお礼申し上げる。

　ところで、30数年前の1月、真冬の夕暮れどきに大宰府政庁跡に2人で立った。太宰府天満宮と古都大宰府保存協会の全面的な協力を得て、縁のある方々に見守られて結婚式をあげた。本書の執筆中、そんなことをふと思い出した。妻礼子への若干の謝意も添えさせていただき、擱筆する。

　　　2024年1月

　　　　　　　　　　　　　　　　　　　　　　　　　　赤司善彦

水ノ江和同
近江　俊秀　監修「新日本の遺跡」②

大宰府跡

■著者略歴■

赤司　善彦（あかし・よしひこ）

1957年、福岡県生まれ

明治大学文学部歴史地理学科考古学専攻卒業

福岡県教育庁文化財保護課、九州歴史資料館、九州国立博物館等を経て、

現在、大野城心のふるさと館（館長）・九州国立博物館名誉館員

主要共著　『大宰府政庁跡』九州歴史資料館、2002年。『大宰府の研究』高志書院、2018年。『水中遺跡の歴史学』山川出版社、2018年。『大宰府学研究』九州国立博物館・アジア文化交流センター、2019年。

2024年3月12日発行

著　者　赤　司　善　彦
発行者　山　脇　由　紀　子
印　刷　亜　細　亜　印　刷㈱
製　本　協　栄　製　本㈱

発行所　東京千代田区平河町 1-8-2
（〒102-0093）山京半蔵門パレス　㈱同成社
TEL　03-3239-1467　振替　00140-0-20618